自分らしく、あなたらしく

きょうだい児からのメッセージ

高橋うらら 著

さ・え・ら書房

きょうだい児からのメッセージ

自分らしく、あなたらしく

高橋うらら著

さ・え・ら書房

もくじ

はじめに

「きょうだい児《じ》」という言葉を知っていますか？

この言葉は、病気や障《しょう》がいのある兄弟姉妹を持つ子どものことを指します。ひらがなで「きょうだい」と書くのは、性別《せいべつ》に関係《かんけい》なく当てはまるようにするためです。

じつは、この本を書いているわたし自身、妹の耳が聞こえないので、きょうだい児《じ》でした。自分が子どもだったころは、こういう言い方はまだなかったので、障《しょう》がい者《しゃ》のきょうだいにまで心が配られるようになったのは、いいことだと思っています。

病気や障《しょう》がいのある兄弟姉妹がいると、親はその子のケアに手がかかるため、きょうだい児《じ》は、さみしい思いをしたり、がまんしたり、人によっては、悩《なや》みを一人でかかえこんでしまったりすることがあります。

一方で、状況《じょうきょう》は人それぞれで、自分の経験《けいけん》を生かして道を切りひらいている人たちもたくさんいます。

この本では、中山穂乃果《なかやまほのか》さんというきょうだい児《じ》を中心に、彼女《かのじょ》の生い立ちや活動、それを応援《おうえん》している団体《だんたい》を紹介《しょうかい》します。

そして、きょうだい児《じ》や障《しょう》がい者《しゃ》の支援《しえん》に関《かか》わる活動をしている大人を、二人取りあげます。二人とも、障《しょう》がいのある弟さんがいらっしゃいます。

きょうだい児《じ》という立場でも、そうでなくても、家族や周囲《しゅうい》から重すぎるプレッシャーを受けたり、だれかに気をつかいすぎたりして、生きづらさを感じることが、たびたびあると思います。

そんなとき読者のみなさんが、この本に登場する人たちの生き方を知り、新しい一歩を踏《ふ》み出《だ》して、現状《げんじょう》をわずかでもいいほうに変《か》えてくださったら、とてもうれしく思います。

第1章

難《なん》病《びょう》の妹を持つお姉さん

◎妹の誕生《たんじょう》が楽しみ

中山穂乃果《なかやまほのか》さんは、二〇〇七年九月生まれ。住んでいるのは、道後温泉《どうごおんせん》があることで知られている四国の愛媛県松山市《えひめけんまつやまし》です。

二〇一一年一月、お正月も終わったころのことでした。

「赤ちゃ～ん。元気～？　お姉ちゃんだよ～」

三歳《さい》の穂乃果さんは、お母さんの大きなお腹《なか》にむかって、かわいい声で呼《よ》びかけていました。

中山家に、もうすぐ二人目の赤ちゃんが生まれます。すでに、女の子だとわかっていました。お母さんは、穂乃果さんに、いいました。

「どんな妹が生まれてくるか、楽しみだね」

「うん！」

すると、穂乃果さんは、とつぜん、こういいだしました。

「赤ちゃんの名前は、ユイカ、がいい！」

どうして思《おも》い浮《う》かんだのかは、おぼえていないそうですが、その名前が気に入ったのです。

「じゃあ、そうしよう。どんな字にする？」

お父さんとお母さんが漢字を決め、妹の名前は「結衣花《ゆいか》」と決まりました。

おとなしすぎる赤ちゃん

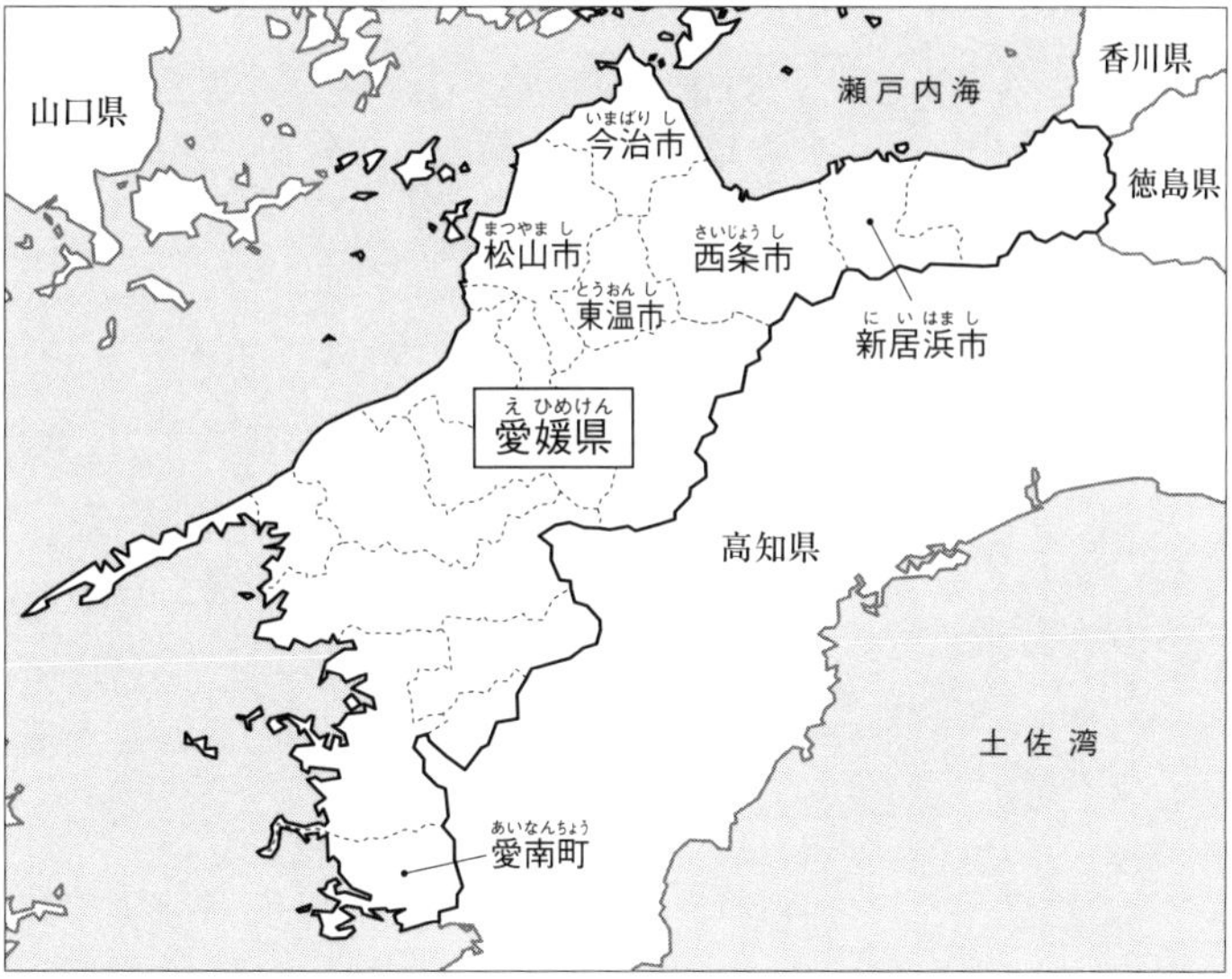

愛媛県の地図

出産《しゅっさん》が近づくと、お母さんは穂乃果さんを連《つ》れ、同じ愛媛県《えひめけん》の西条市《さいじょうし》にある実家に里帰りしました。

入院しているあいだ、おじいさんやおばあさんが、穂乃果さんの世話をしてくれる予定です。

いよいよお母さんに陣痛《じんつう》が来て、となりの新居浜市《にいはまし》にある産《さん》婦人科《ふじんか》に入院することになりました。

「もうすぐ赤ちゃんが生まれるから、病院に行きますよ」

そのときは、穂乃果さんも、いっしょに病院について行きました。

すると、お母さんが病室に入ってすぐ、女の赤ちゃんが生まれたのです。

オギャア……、オギャア……。

「これで穂乃果も、お姉ちゃんになったんだね」

周囲《しゅうい》の大人たちにそういわれましたが、そのときの穂乃果さんは、ちょっと、とまどっているようすでした。

まだ小さかったので、お母さんを赤ちゃんにとられてしまったように感じたのかもしれません。

穂乃果さんと、生まれたばかりの結衣花さんとお母さん

赤ちゃんの誕生《たんじょう》を見届《みとど》けると、穂乃果さんはお母さんの実家にもどって留守《るす》番《ばん》をします。

ところが、生まれた赤ちゃん、結衣花さんのほうには、少し気になることがありました。おとなしく、あまり泣《な》かず、母乳《ぼにゅう》をぜんぜん飲みません。

（だいじょうぶなのかしら……）

お母さんは気をもみましたが、お医者さんには心配ないといわれ、何日かすると、そのまま退院《たいいん》し、実家に帰りました。

ところが一晩過《ひとばんす》ごしても、結衣花さんは、あいかわらず母乳《ぼにゅう》を飲みません。しかも、次の朝、お母さんがだっこしてみると、体が冷《つめ》たくなっています。

体温計で測《はか》っても、数字が出てこないくらい、体温が低《ひく》いのです。

「これは大変《たいへん》！」

あわてて、退院《たいいん》したばかりの産婦人科《さんふじんか》に連《つ》れていきました。すると、

「もっと大きな病院に行ってください」

と指示《しじ》され、結衣花さんは新居浜市《にいはまし》の総合病院《そうごうびょういん》に入院します。
三、四日経《た》つと、お医者さんから、
「おそらく大きな病気があると思います。松山市《まつやまし》の病院に連《つ》れていきましょう」

といわれました。

こうして、結衣花さんは救急車《きゅうきゅうしゃ》に乗せられ、松山市《まつやまし》にある愛媛県立中央病院《えひめけんりつちゅうおうびょういん》のNICUに入りました。

NICUは、新生児集中治療室《しんせいじしゅうちゅうちりょうしつ》といって、健康状態《けんこうじょうたい》の悪い赤ちゃんを、二十四時間見守りながら治療《ちりょう》、看護《かんご》する部屋です。

「いったい何の病気なんですか？」

お母さんが、いくらたずねても、検査《けんさ》の結果《けっか》は、なかなか出ません。

結衣花さんは、呼《よ》びかけても反応《はんのう》がなく、心配な状態《じょうたい》です。

そんな中、穂乃果さんは、あいかわらずお母さんの実家で、妹が帰ってくる日を、首を長くして待っていました。

「ゆいちゃんは、どうしてもどってこないの?」

「病気だから、病院にいるのよ」

「早くだっこしてあげたいな……」

一方、お母さんは、実家から松山市《まつやまし》の病院まで通い、しぼった母乳《ぼにゅう》を結衣花さんに届《とど》けたりしなければならず、ずっと大いそがしでした。

そのため穂乃果さんは一、二ヶ月ほど、西条市《さいじょうし》の保育園《ほいくえん》に預《あず》けられました。

穂乃果さんは、お母さんにうったえます。

「ほのちゃんも、ゆいちゃんのお見舞《みま》いに行きたい」

しかし、NICUに子どもは入れません。

そこで、お母さんが、穂乃果さんに聞いてみました。

「動画を撮《と》ってゆいちゃんに見せてあげるから、カメラの前で、何かおしゃべりしてごらん」

「わかった。やってみる……」

穂乃果さんは、ビデオカメラの前で、

「ゆいちゃん。お姉ちゃんだよ。早く元気になってね」

と、無邪気《むじゃき》に話します。

お母さんはその動画を、病院にいる結衣花さんの耳元で再生《さいせい》しました。

すると、それまで、だれが話しかけても反応《はんのう》がなかったのに、結衣花さんが、
ピクッと動いたのです。

「あ、動いた！　聞こえているんだわ」

お母さんは、うれしくなりました。

「きっと、お腹《なか》にいるとき、穂乃果がずっと話しかけていたからね。その声を、
おぼえていたのね」

◎病院の廊下《ろうか》で

春がやってきましたが、結衣花さんは、まだ病名がわからず、NICUに入ったままです。

ちょうどその年の三月に東日本大震災《ひがしにほんだいしんさい》が起こり、結衣花さんの検査結果《けんさけっか》のデータを送った東北大学から、なかなか返事をもらえなかったことも影響《えいきょう》しました。

やがて、お母さんと穂乃果さんは、西条市《さいじょうし》の実家から松山市《まつやまし》の家にもどりました。

穂乃果さんが、幼稚園《ようちえん》に入園するためです。これから、楽しい幼稚園生活《ようちえんせいかつ》が始まります。

けれども、お母さんは結衣花さんが入院している病院に、毎日午後指定された時間に、母乳《ぼにゅう》を届《とど》けなければなりませんでした。

「ごめんね。病院に行くあいだ、幼稚園《ようちえん》に預《あず》かり保育《ほいく》をたのむから、いい子で待っていてね」

お母さんは、夕方まで預《あず》けたいと思いましたが、穂乃果さんは、きっぱりと断《ことわ》りました。

「いやだ。お母さんといっしょに、病院に行く！」

「でも、ＮＩＣＵの中に子どもは入れないのよ」

「それでも、いっしょに行く！」

一人でお留守番《るすばん》するのが、さみしかったのでしょう。

あるいは、預《あず》かり保育《ほいく》の担当《たんとう》の先生が、担任《たんにん》の先生とちがう先生だったので、慣《な》れていなかったせいかもしれません。

お母さんは、あきらめて、こういいました。

「わかったわ。じゃあ、いっしょに行きましょう。いい子にしていられるわね？」

「うん！」

幼稚園《ようちえん》が終わった後、お母さんは穂乃果さんを連《つ》れて病院に行き、結衣花さんに母乳《ぼにゅう》を届《とど》けました。

そして穂乃果さんは、お母さんがＮＩＣＵに入っているあいだ、外の廊下《ろうか》でぽつんと待ちます。

お母さんは、そのあいだたいくつしないよう、幼児《ようじ》むけの雑誌《ざっし》や、ぬり絵をわたしていましたが、穂乃果さんはそれをやりながらも、

（早くお母さんが出てこないかなあ……）

と、首を長くして待つのでした。

難病《なんびょう》であることが判明《はんめい》

四月下旬《げじゅん》、結衣花さんの病名が、やっとわかりました。

十二万人に一人の難病《なんびょう》、メチルマロン酸血症《さんけっしょう》だったのです。

これは、メチルマロン酸《さん》という毒性《どくせい》のある酸《さん》が体にたまり、はげしいはき気がしたり、口から食べ物を食べられなかったり、全身にいろいろな症状《しょうじょう》が出る病気です。

風邪《かぜ》をひいただけでも重症《じゅうしょう》になり、場合によっては命にも関《かか》わります。

知能《ちのう》や体の発達《はったつ》におくれが出ることもあります。

「そんな難病《なんびょう》だったなんて……」

家族は、大きなショックを受けました。

それでも結衣花さんは、ゴールデンウィーク明けに退院《たいいん》して、家に帰ることができました。

穂乃果さんは、やっと妹といっしょに暮《く》らすことができて、大喜《おおよろこ》びです。

お母さんが、だっこしようとすると、

「ほのちゃんが、するの！」

と、いって聞きません。

「ダメダメ、これから、おっぱいをあげるんだから」

お母さんがだっこしても、何度も妹のそばにやってきて、

「ゆいちゃーん。ねえねだよ〜」

と話しかけています。

自宅での穂乃果さんと結衣花さん

じつは、お母さんは、結衣花さんを一日中だっこしつづけなければならず、とても大《たい》変《へん》でした。

結衣花さんは体が弱いため、母《ぼ》乳《にゅう》を飲むのに、毎回一時間もかかるからです。ふつうなら、せいぜい数十分で飲み終

わるはずです。

しかも、赤ちゃんは一日に何度も母乳《ぼにゅう》を飲みます。

また、薬を一日三回スポイトで飲ませるのにも、毎回一時間かかりました。

そのあいだ、ずっとだっこしているので、お母さんは穂乃果さんの相手をすることができません。

（お母さんは、病気のゆいちゃんの世話で、大変《たいへん》なんだ……）

穂乃果さんも、おさな心にわかっていましたが、本当は、お母さんにあまえたくてしかたありませんでした。

けれども、いい子にして、そばに行くのをぐっとがまんしていたのです。

◎体の調子が悪いのをかくして

また、小さい穂乃果さんは、よく風邪《かぜ》をひきました。

そのときが、大変《たいへん》です。もし結衣花さんにうつったら、重症《じゅうしょう》になり、命に関《かか》わるおそれがあります。

「ごめんね。悪いけれど、おばあちゃんの家にいてね」

穂乃果さんは病気になると、毎回すぐに、西条市《さいじょうし》のお母さんの実家に預《あず》けられました。

おじいさんやおばあさんがいるとはいえ、体の具合が悪いうえに、お母さんと離《はな》ればなれですごさなくてはなりません。

（早くおうちに帰りたい。お母さんのそばにいたい）

やがて穂乃果さんは、自分の体の具合が悪くても、親にかくすようになりました。

頭が痛《いた》くても、のどが痛《いた》くても、だまっています。

（ゆいちゃんに風邪《かぜ》をうつしたらいけないのは、わかってるけど……）

どうしても、家を離《はな》れたくないのです。

しかし、お母さんはすぐに気づいて声をかけます。

「あら？　顔が赤いわね。お熱測《ねつはか》ってみる？」

穂乃果さんは、首をブンブンふります。

「ううん。だいじょうぶ、だいじょうぶ！」

そうやって抵抗《ていこう》しても、もちろんお母さんは穂乃果さんの熱《ねつ》を測《はか》るので、風邪《かぜ》をひいたということは、すぐにわかってしまうのでした。

そしてけっきょく、お母さんの実家に送りとどけられてしまうのです。

（病気なのに、どうしてお母さんと離《はな》れなくちゃならないの？）

穂乃果さんは、さみしくて、たまりませんでした。

◎妹の入院に付《つ》きそうお母さん

妹の結衣花さんも、小さいころはとつぜん吐《は》いてぐったりするなど、しょっちゅう体調をくずし、そのたびに入院しました。

そのときは、お母さんが病院に泊《と》まりこんで、ずっと付《つ》きそわなくてはなりません。

小さい子どもが入院する場合、親に付《つ》きそいを求《もと》める病院は、とても多いのです。そのほうが、病気の子どもも、安心するからです。

しかしこの決まりは、きょうだい児《じ》の負担《ふたん》になることがあります。

穂乃果さんのお父さんは、松山《まつやま》から出るフェリーの乗組員をしており、仕事に出かけると、毎回一週間くらいは家を留守《るす》にします。

そのため穂乃果さんは、妹が入院するときも、一人になってしまうため、お母さんの実家に行かなくてはなりませんでした。

「ほのちゃん。ゆいちゃんは入院するから、おばあちゃんの家でお留守番《るすばん》しててね」

「ええ？　ゆいちゃんとお母さん、また行っちゃうの？　そんなのやだ！」

穂乃果さんは、このときは、必《かなら》ず声をあげて、わんわん泣《な》きました。

お母さんも、泣《な》くのをこらえながら、

「早く帰るから待っててね……」

と、手をふって、別《わか》れるのでした。

お母さんからの手紙

こうして、姉妹のどちらかが体調をくずすたびに、穂乃果さんはお母さんの実家に預《あず》けられました。

おじいちゃんやおばあちゃんは、ひいおじいちゃんの介護《かいご》もしなければならず、しかも自営業《じえいぎょう》をいとなんでいたため、家を空けられなかったのです。

お母さんの実家に預《あず》けられることが多い穂乃果さんは、幼稚園《ようちえん》を休みがちになりました。

そんなあるとき、欠席《けっせき》しているあいだに、幼稚園《ようちえん》のおゆうぎ会の役決めがあったのです。穂乃果さんは、

（ウサギとか、リスとか、かわいい役がいいなあ）

と思っていたのですが、何日かぶりに幼稚園《ようちえん》に行くと、自分に決まっていたのは気が進まないヤギの役でした。

穂乃果さんは、くやしい思いでいっぱいです。

（どうしてわたしは、大切にしてもらえないの？）

とうとう、お母さんに、泣《な》きながらこういいました。

「わたしなんか、生まれてこなければよかったんでしょ！」

お母さんは、おどろいて、穂乃果さんにかけより、

「そんなことないよ。そんなことない」

と、だきしめて、なぐさめます。

お母さんだって、穂乃果さんに、さみしい思いはさせたくないのです。

どうしようもなく、結衣花さんの世話に追われているだけなのです。

（離《はな》れていても、うまくコミュニケーションをとる方《ほう》法《ほう》はないかしら）

お母さんは、穂乃果さんを実家に預《あず》けているあいだ、FAXを送ったり、手紙を出したりして、連絡《れんらく》をとりあう工夫《くふう》をしました。

「あっ、お母さんの手紙だ」

穂乃果さんとお母さんのFAXでのやりとり

そのFAXや手紙を受け取ると、ふさぎこんでいる穂乃果さんも、やっとほっとして、笑顔《えがお》になるのでした。

◎手話が大好《だいす》きに

それでも穂乃果さんは、結衣花さんのことが、かわいくてしかたありませんでした。

「ゆいちゃんに、早く、ねえねって、呼《よ》んでほしいなあ！　いっしょに話したいなあ」

結衣花さんは、知的《ちてき》な発達《はったつ》のおくれのため、小さいころは、コミュニケーションがうまくとれませんでした。

きげんが悪いとイライラして、かみついたりすることもありました。

「あっ、痛《いた》い！」

お母さんは、かまれると、

「ダメよ、ゆいちゃん、かんじゃダメ」

と、きっぱりと教えました。

けれども穂乃果さんは、そんなとき、やさしくこういうのです。

「お母さん。ゆいちゃんは、いってることが、わからないだけなの。そんなに怒《おこ》らないで」

そんなある日、幼稚園《ようちえん》のおゆうぎ会で、「手話歌《しゅわうた》」を練習して発表することになりました。手話をしながら、「花は咲《さ》く」という歌を歌うのです。

(手話っておもしろいな。これなら、ゆいちゃんにも伝《つた》わるんじゃないかな)

そう思った穂乃果さんは、結衣花さんの前で、「おいしい(ほっぺたを軽くたたく)」とか、「おしまい(両手を上むきに開き、下に降《お》ろしながら指を閉《と》じる)」などの手話をやってみせました。

また、お母さんの前で、手話歌を元気に歌いました。

ふだん穂乃果さんの相手ができないお母さんも、これなら結衣花さんをだっこしながら見ることができます。

「上手ねえ。ほのちゃん」

（うれしい！　お母さんが見てる。ほめてくれてる！）

このときは、大喜《おおよろこ》びです。

穂乃果さんは、こうして手話が、大好《だいす》きになりました。

ピアノをひいてあげるお姉ちゃん

結衣花さんは、小さいときはしゃべったり歩いたりすることができませんでしたが、特別支援学校《とくべつしえんがっこう》の小学部に入ったころから、少しずつ会話や歩行が可能《かのう》になっていきました。

「しんどい」「ねむたい」などと、体の具合が悪いことを、言葉で伝《つた》えられるようになったので、体調がいきなり悪化して入院することも少なくなり、お母さんも、少し楽になります。

どうしても、結衣花さんが体調をくずして入院しなくてはならないときには、穂乃果さんの面倒《めんどう》は、おばあさんが家に来て見てくれるようになりました。幼《よう》稚園《ちえん》とちがって、小学校は休めないからです。

穂乃果さんは、妹の成長《せいちょう》を見守りながら、こう思っていました。

「ゆいちゃんは、特別支援学校《とくべつしえんがっこう》か。同じ学校に通いたかったなあ……」

そして、あいかわらず結衣花さんをかわいがり、絵本を読んであげたり、ピアノも習っているので、

「ゆいちゃんの好《す》きな曲を、ひいてあげるね」

と、演奏《えんそう》してあげたりしました。

結衣花さんは、口からじゅうぶんな栄養《えいよう》をとれないため、三歳《さい》のときから、お腹《なか》に穴《あな》をあけてチューブで胃《い》に薬や栄養《えいよう》を入れる「胃《い》ろう」を始めていまし

た。

ふだんはお母さんが、それを用意してセットし、お世話をしています。

（自分が元気なうちは、結衣花の世話はわたしがする）

と、心に決めているのです。

胃《い》ろうをするには、一時間くらいかかるので、穂乃果さんは、そのあいだ結衣花さんがたいくつしないよう、そばで絵本を読んであげることもありました。

第2章

相談にのってくれた人たち

家族みんなで出かけたいのに

穂乃果《ほのか》さんには、なかなか口に出せない悩《なや》みがありました。

結衣花《ゆいか》さんは、長い距離《きょり》を歩けないので、移動《いどう》のときは、車椅子《くるまいす》を使っています。疲《つか》れると、体調もくずしがちになります。

そのため、家族四人で出かけても、

「結衣花がしんどそうだから、そろそろ帰りましょう」

といわれると、とちゅうでもどらなくてはなりません。

河津桜（かわづざくら）を見に行った穂乃果さんと結衣花さん

だから、遠くまで行くときは、いつもお父さんと二人だけでした。

お母さんと結衣花さんは、穂乃果さんたちとは別《べつ》に行動することが多く、結衣花さんの体調を見ながら買い物などに出かけて、すぐに家に帰るのです。

（本当は、家族四人で、いろんなところにお出かけしたいのにな。ゆいちゃんや、お母さんとも、いっしょに行きたいのにな。だけど、無理《むり》をいって、お父さんやお母さんを困《こま》らせてもいけないし……）

おさな心にそう思い、ずっと、がま

んしていました。

◎ミュージカルってすごい

そんな中、穂乃果さんが大好《だいす》きになったものがありました。演劇《えんげき》です。きっかけは、小学三年生になったある日、お父さんが連《つ》れていってくれたミュージカルでした。

松山市《まつやまし》のとなりの東温市《とうおんし》に、「坊《ぼ》っちゃん劇場《げきじょう》」という劇場《げきじょう》があります。松山《まつやま》が、夏目漱石《なつめそうせき》の「坊《ぼ》っちゃん」という小説《しょうせつ》の舞台《ぶたい》であることから、つけられた名前です。

四国・瀬戸内《せとうち》の歴史《れきし》や伝統文化《でんとうぶんか》、偉人《いじん》をテーマにした自主製作《じしゅせいさく》のミュージカルを上演《じょうえん》しています。

穂乃果さんがこのとき見たのは、「お遍路《へんろ》さんどうぞ」というミュージカルでした。

(歌も、ダンスもすごい！　一人二役もやっているし……)

生の舞台《ぶたい》を初《はじ》めて見て、すっかり感動してしまったのです。

それからは、役者さんが歌い、踊《おど》りながら、音楽に合わせて劇《げき》を演《えん》じるミュージカルが大好《だいす》きになりました。一年に一回、必《かなら》ず見に行って、好《す》きな作品は二十回以上《いじょう》も見ました。

小学六年生のとき、坊《ぼ》っちゃん劇場《げきじょう》の関係者《かんけいしゃ》の人がやっていたミュージカルに、自分も出たいと応募《おうぼ》し、出演《しゅつえん》することになりました。

何人もの大人のメンバーと、いっしょに練習します。

穂乃果さんにとっては、初《はじ》めて知ることばかりでした。

(舞台《ぶたい》って、こうやって作りあげていくものなんだ！)

⑨ 演劇《えんげき》が大好《だいす》きなのに

ところが、中学生になるころ、新型《しんがた》コロナウイルスが流行しはじめました。練習した舞台《ぶたい》はけっきょく上演《じょうえん》できず、家族や関係者《かんけいしゃ》だけが見る発表会を稽古《けいこ》場《ば》で行いましたが、それでも、とてもいい経験《けいけん》になりました。

また、松山市民《まつやましみん》ミュージカルのオーディションも受けました。小学五年生のときは、残念《ざんねん》ながら落ちてしまいましたが、小学六年生のときには合格《ごうかく》します。穂乃果さんは、「美女と野獣《やじゅう》」というミュージカルに出ることになったのです。

しかし、この練習も公演《こうえん》も、新型《しんがた》コロナウイルスの流行のため中止がつづきました。

（本当に残念《ざんねん》！　今年もできなかった。いつになったら、みんなに見てもらえるんだろう）

コロナの流行が始まってからというもの、ずっとマスクをして、家にこもっていなければならなくなりました。

もし、結衣花さんに感染《かんせん》したら大変《たいへん》なので、家族はいつもピリピリしています。

学校の行事も、次々と取りやめになりました。

劇団《げきだん》の公演《こうえん》もずっと中止で、せっかく練習したのに、なかなか発表できません。

(楽しいことが、何もないなあ……)

それでも、穂乃果さんは、演劇《えんげき》が好《す》きでたまりません。

中学二年生の秋、となりの東温市《とうおんし》で、民話《みんわ》を素材《そざい》にした劇《げき》の講座《こうざ》があると知り、ぜひ参加《さんか》したいと思いました。さっそく、お母さんにたのみます。

「民話劇《みんわげき》、やってみたい。行ってもいい?」

お母さんは、困《こま》ってしまいました。

講座《こうざ》は夜に開かれ、しかも松山市《まつやまし》から行くには、かなり時間がかかります。

結衣花さんは八時には寝《ね》てしまうので、お母さんが穂乃果さんを車で送《おく》りむかえすることはできません。

暗い夜に、中学生の穂乃果さんが一人で行くのも危険《きけん》です。

お母さんは、こう答えました。

「もし、東温市《とうおんし》でなく松山市《まつやまし》で講座《こうざ》があるんだったら、行ってもいいけれど」

それでも演劇《えんげき》に夢中《むちゅう》な穂乃果さんは、その講座《こうざ》に行きたくてたまりませんでした。

「送《おく》りむかえが無理《むり》なら、電車やバスを乗りついで、一人で行く!」

泣《な》きながらたのみました。しかし、お母さんも、穂乃果さんの安全を考えると、かんたんに認《みと》めることができません。

穂乃果さんは、涙《なみだ》をふきました。

「……演劇《えんげき》をやりたいのに」

けっきょく、民話劇《みんわげき》の講座《こうざ》には、お母さんが行きだけ車で送って、帰りは穂乃果さんが一人で電車で帰ってきたり、お父さんが休みの日に送《おく》りむかえをしてくれたりして、何回か行くことができました。

親身になってくれた担任《たんにん》の先生

このころ、穂乃果さんは、精神的《せいしんてき》にも不安定《ふあんてい》になっていました。民話劇《みんわげき》の講座《こうざ》に行きたいことは、親にいえましたが、大きくなるにつれ、自分の思いを押《お》し殺《ころ》すことが多くなっていたのです。

(わたしが文句《もんく》をいうわけにはいかない。大変《たいへん》なのは、ゆいちゃんやお母さんたちだもの。だれが悪いわけでもないんだもの)

そのうえ、将来《しょうらい》のことを想像《そうぞう》すると、不安《ふあん》がつのるようになっていました。

(ゆいちゃんや、うちの家族は、この先いったいどうなっていくんだろう。わたしは、何をしたらいいいんだろう……)

それでも、

（きっと、自分の思いを説明《せつめい》しても、わかってもらえないだろうな）

と思い、そのまま口を閉《と》ざしてしまうのです。

ストレスがたまって、親ともすぐけんかをしてしまいます。

そして、ついに体調をくずしてしまったのです。朝起きるのがしんどく、手足が少ししびれます。

「でも、学校には行く」

それでも穂乃果さんは、がんばって登校します。

しかし、また学校で具合が悪くなります。すると、担任《たんにん》の先生が気づいて、

「だいじょうぶ？」

と声をかけてくれ、保健室《ほけんしつ》で休むことができました。

担任《たんにん》の先生は、とてもいい先生で、穂乃果さんから、家の事情《じじょう》や、ミュージカルが好《す》きなことなど、いろいろな話を聞いてくれました。

スクールカウンセラーも手配してくれて、そこでも、気持ちをはきだすことができました。

すると、最初《さいしょ》のうちは暗い話ばかりしていたのに、カウンセリングを何度もくりかえすうちに、しだいに明るい話題についても話せるようになっていったのです。

ラ・ファミリエとの出あい

お母さんも穂乃果さんを心配して、ある団体《だんたい》に、「穂乃果の話を聞いてやってほしい」とたのみました。

その団体《だんたい》は、松山市《まつやまし》にある認定《にんてい》ＮＰＯ法人《ほうじん》ラ・ファミリエです。

お母さんは、穂乃果さんが五年生のとき、この団体《だんたい》が、病気の子やそのきょうだいを支援《しえん》する活動を行っていることを知りました。

（ありがたい活動だわ。結衣花と穂乃果も参加《さんか》させてもらおう）

そう思って、二人を連《つ》れていったのです。


ラ・ファミリエとは、フランス語で家族のことです。このＮＰＯ法人《ほうじん》は、二〇〇二年に設立《せつりつ》されました。

設立《せつりつ》のきっかけは、愛媛県《えひめけん》に、病気の子どもや家族のための宿泊施設《しゅくはくしせつ》「ファミリーハウス」がなかったことでした。

子どもが重い病気になると、大きな病院に通わなくてはなりませんが、家から遠い場合は、どこかに泊《と》まらなくてはなりません。

また、子どもが入院して親が付《つ》きそうときも、寝泊《ねと》まりする場所が必要《ひつよう》になることがあります。

そこで医療関係者《いりょうかんけいしゃ》や病気の子どもの家族が協力《きょうりょく》してラ・ファミリエを設立《せつりつ》し、その後、愛媛県《えひめけん》が「ファミリーハウスあい」を作り、宿泊《しゅくはく》が必要《ひつよう》なときに、安い料金《りょうきん》で利用《りよう》してもらえるようにしたのでした。

病気のある子どもや家族を支《ささ》えるため、相談にものっています。

また、きょうだい児支援《じしえん》のための、イベントや勉強会なども開いています。

同じ立場の子どもどうしが出あい、悩《なや》みを話しあい、交流する場を設《もう》けているのです。

◎キャンプにも参加《さんか》

ラ・ファミリエの交流会は、定期的《ていきてき》に開かれています。

穂乃果さんと結衣花さんは、ハロウィンパーティーに参加《さんか》したのを最初《さいしょ》に、ラ・ファミリエの行事にときどき参加《さんか》するようになりました。

穂乃果さんは、初《はじ》めて他のきょうだい児《じ》たちに会ったとき、こう感じました。

〈病気の兄弟姉妹がいる人って、学校ではなかなか会えないけれど、こんなに

いたんだ。話が合ってうれしいな）

病気の子どもやきょうだい児《じ》たちが参加《さんか》する、一泊二日《いっぱくふつか》のキャンプに行ったこともあります。

愛媛県愛南町《えひめけんあいなんちょう》のキャンプでは、穂乃果さんと結衣花さんは、他の子どもたちといっしょに、いろいろな活動に参加《さんか》しました。結衣花さんには、お母さんが付《つ》きそいました。

大ぜいの病気の子どもがいるため、具合が悪くなったときに備《そな》えて、お医者さんも待機《たいき》していました。

キャンプのプログラムでは、病気の子どもときょうだい児《じ》に分かれて、自分がどんな状況《じょうきょう》にあり、何に困《こま》っているのか、他の人にきちんと伝《つた》える練習もしました。

これは、とても大切なことですが、うまく言葉にできない子どもが多いといいます。

また、川遊びやカレー作りなど、楽しいプログラムもありました。ボランティアの人も手伝《てつだ》い、多いときは約《やく》一二〇名《めい》も参加《さんか》する、楽しいキャンプだったのです。

◎ゆるく話を聞いてもらって

ラ・ファミリエの理事、西朋子《にしともこ》さんは、体調をくずした穂乃果さんについて、お母さんから相談を受けました。

西さん自身も、子どものときお兄さんを交通事故《こうつうじこ》で亡《な》くし、広い意味でのきょうだい児《じ》でした。

その経験《けいけん》もあり、きょうだい児支援《じしえん》の活動に力を入れていたのです。

「わかりました。穂乃果さんの話は、若《わか》いスタッフに聞いてもらいましょう」

こうして、穂乃果さんとイベントでよく会うラ・ファミリエの自立支援員《じりつしえんいん》さんが、話を聞くことになり、穂乃果さんに連絡《れんらく》しました。

「今度、事務所《じむしょ》のクリスマスツリーの飾《かざ》りつけをするんだけれど、手伝《てつだ》いに来てくれない？」

何気なく、おしゃべりしてみることにしたのです。

当日、穂乃果さんは、いっしょに作業をしながら、

「演劇《えんげき》に打ちこみたいのに、なかなかできない。送《おく》りむかえも難《むずか》しいらしくて、講座《こうざ》にも行けない」

と、近《ちか》ごろのようすを話しました。

「そうか。演劇《えんげき》にエネルギーもらってたからね……」

「そう。体調が悪かったのは演劇不足《えんげきぶそく》だったのかも」

自立支援員《じりつしえんいん》さんは、それ以上《いじょう》、とくにアドバイスをしたわけではありません。いつも、こういう感じで「ゆるく」相談にのり、話をします。

自分の思いをはきだすだけでも、気持ちがふっと軽くなることがあります。

体調をくずしていた穂乃果さんでしたが、こうして、たくさんの人に支《ささ》えられ、時間をかけて、だんだん元気になることができました。

特別《とくべつ》な友だち

穂乃果さんは、このラ・ファミリエで、同い年の仲間《なかま》にも出あいました。愛媛県今治市《えひめけんいまばりし》に住む永野春菜《ながのはるな》さんです。

小学生のとき、きょうだい児《じ》のイベントで出あい、夏のキャンプでは同じ班《はん》になりました。

春菜さんにも病気のお姉さんがいるということでしたが、おたがいの兄弟姉妹については、とくにくわしい話はせず、クラブ活動や自分が好《す》きなことなどを、楽しく話します。

コロナ禍《か》のときは、対面のイベントができませんでしたが、中学三年生の秋には、きょうだい児《じ》たちが集まって、いっしょに道後温泉《どうごおんせん》の街《まち》めぐりを楽しみました。

学校の友だちとの関係《かんけい》とはまたちがい、穂乃果さんにとって春菜さんは特《とく》別《べつ》な存在《そんざい》となりました。二人は、今も仲《なか》よくしています。

ラ・ファミリエのキャンプに参加した穂乃果さん(左)と永野春菜さん(右)

第3章

心《こころ》魂《だま》プロジェクトとの出あい

◎自らおもむいてパフォーマンスを届《とど》けよう

このように、穂《ほ》乃《の》果《か》さんは、学校の先生や、スクールカウンセラー、ラ・ファミリエの人たちなど、多くの人に助けられました。

自分の悩《なや》みを口にする場がなかったので、話を聞いてもらえるだけでも救《すく》われました。

その後、穂乃果さんは、「心《こころ》魂《だま》プロジェクト」という団《だん》体《たい》にも、深く関《かか》わっていきます。

病気の子どもや、そのきょうだいを支援《しえん》しているNPO法人《ほうじん》ですが、ここでその活動を紹介《しょうかい》しておきましょう。

設立《せつりつ》したのは、現在《げんざい》、共同代表《きょうどうだいひょう》を務《つと》める、寺田真実《てらだまさみ》さんと有永美奈子《ありながみなこ》さんご夫婦《ふうふ》です。

寺田さんは、もともとはサラリーマンでしたが、劇団四季《げきだんしき》の公演《こうえん》を見て感動し、一大決心をしてオーディションを受け、一発で合格《ごうかく》しました。

劇団四季《げきだんしき》に在籍《ざいせき》していたときは、ミュージカル「オペラ座《ざ》の怪人《かいじん》」「美女と野獣《やじゅう》」などに出演《しゅつえん》しました。

バリトンのいい声で歌い、ちゃめっけのある演技《えんぎ》をします。

そんなある日、劇団四季《げきだんしき》の人から、こんな話を聞いたのです。

ある十歳《さい》の自閉症《じへいしょう》スペクトラム障《しょう》がいのある男の子が、友だちといっしょに劇団四季《げきだんしき》のミュージカル「ライオンキング」を見にきました。

感動した男の子は、家に帰ると、お母さんにこういったのです。

「また見に行きたいから貯金《ちょきん》をする。次は一人で行く！」

「え？　一人で？」

自閉症《じへいしょう》の子どもは、他の人とのコミュニケーションが難《むずか》しかったり、特《とく》定《てい》の音や光などの刺激《しげき》に過敏《かびん》だったり、知的《ちてき》な発達障《はったつしょう》がいがあったりすることがあります。

その子はそれまで一人で外出したことはなかったのですが、生まれて初《はじ》めて自分だけで家の外に出て、バス停《てい》ま

心魂プロジェクトの寺田真実さん

でむかう練習を始めたのです。

バスに乗る練習もしました。

そして十ヶ月後、とうとう彼《かれ》は、一人でライオンキングを見に来たというのです。

そこで、お母さんは、お礼の手紙を劇団四季《げきだんしき》あてに出したのでした。

「息子は、これまで越《こ》えられないと思っていたハードルを、いくつも越《こ》えました」

寺田さんは、その手紙の内容《ないよう》を知り、初《はじ》めて気づきました。

「劇《げき》を見たくても、かんたんには来られない子どもたちがいたんだ……」

寺田さんのお父さんは、キリスト教の牧師《ぼくし》でした。

寺田さんが小さいころから、こういっていました。

「待っているのではなく、自らおもむくことが大事なんだよ」

その言葉どおりに、お父さんは、日本から台湾《たいわん》に渡《わた》って宣教師《せんきょうし》として働《はたら》き、寺田さんも、子ども時代は台湾《たいわん》で育ちました。

寺田さんは、その男の子のことが、頭から離《はな》れなくなりました。

(見たいのに来られない人たちがいるなら、自分のほうから、おもむくべきではないか)

こうして、劇団四季《げきだんしき》を退団《たいだん》し、病気などの理由で劇場《げきじょう》に来られない子どもたちに、歌や踊《おど》りのパフォーマンスを届《とど》ける活動を始める決心をしたのです。

そのことを有永さんに話しました。

有永さんは、宝塚歌劇団《たからづかかげきだん》や劇団四季《げきだんしき》で活躍《かつやく》し、当時すでに退団《たいだん》していました。自分が子どものころは、家が裕福《ゆうふく》ではなく、お金がなくて舞台《ぶたい》を見に行けませんでした。

「わたしも、その活動には大賛成《だいさんせい》です!」

寺田さんと有永さんは、劇団四季《げきだんしき》に所属《しょぞく》したことのあるミュージカル俳優《はいゆう》などに声をかけ、メンバーを集めました。

心魂プロジェクトの有永美奈子さん

　こうして二〇一四年、心魂《こころだま》プロジェクトが発足しました。

「心の命を守りたい」と、プロのミュージカル俳優《はいゆう》が、病院や障《しょう》がい児《じ》施設《しせつ》などに出むき、ミュージカルやパフォーマンスを届《とど》けます。

　やがて、この活動に賛同《さんどう》してくれる、ミュージシャンなどの仲間《なかま》も加《くわ》わりました。

　寺田さんと有永さんは、チラシやホームページを作ったり、営業《えいぎょう》したり、経理《けいり》などの事務《じむ》を行ったり、裏方《うらかた》の仕事もするので大いそがしです。

これまでに対面の公演《こうえん》を五百回以上《いじょう》、オンラインの公演《こうえん》を六百回以上《いじょう》、インターネットでの配信《はいしん》は三千回以上《いじょう》も行って、多くの子どもたちに公演《こうえん》を届《とど》けてきました。

心魂《こころだま》キッズ団《だん》

心魂《こころだま》プロジェクトは現在《げんざい》、病気の子どもたちが出演《しゅつえん》する「心魂《こころだま》キッズ団《だん》」というグループも作っています。

心魂《こころだま》キッズ団《だん》は、寺田さんたちが横浜《よこはま》で公演《こうえん》を行ったとき、見にきていた病気の女の子が、こう声をかけてきたことがきっかけで生まれました。

「わたしも、舞台《ぶたい》に出てみたい！」

その子は、心臓病《しんぞうびょう》をわずらっていました。体を動かして、もし発作が出たら大変《たいへん》です。

それでも、やりたいというのです。付《つ》きそっていたお母さんも、おどろいていました。

しかし、寺田さんは、思いました。

「そうだよなあ。見るだけでなく、自分もやりたいよな」

寺田さんも、サラリーマンをしていたとき、会社に勤《つと》めながらも本当は舞台《ぶたい》に立ちたくてたまりませんでした。だから、その気持ちが、とてもよくわかったのです。

そこで、他の病気の子どもたちにも声をかけ、ワークショップを開いて、子どもたちがパフォーマンスをする練習を始めました。

こうして二〇一九年、心魂《こころだま》キッズ団《だん》が結成《けっせい》され、その年の十二月には、心魂《こころだま》プロジェクトのクリスマスフェスティバルの舞台《ぶたい》に出演《しゅつえん》することができました。ミュージカルのワンシーンを演《えん》じ、みんなで歌います。

やがて、心臓病《しんぞうびょう》の子どもたちだけでなく、重症心身障《じゅうしょうしんしんしょう》がいのある子ども、ダウン症《しょう》の子ども……、そしてそのきょうだいたちが、次々と参加《さんか》するようになりました。

コロナ禍《か》のため、オンラインの配信《はいしん》になりましたが、ウイルスに感染《かんせん》すると重症化《じゅうしょうか》するおそれがある子どもたちには、かえって好都合《こうつごう》でした。

安心して参加《さんか》できるからです。

たとえ病室から出られなくても、声を出したり、画面に登場したりできます。みんな、歌に合わせて楽しそうに体を動かします。

毎年メンバーを募集《ぼしゅう》していますが、

心魂キッズ団と寺田さん

大事なのは、子ども自身が、キッズ団《だん》の活動に参加《さんか》することを希望《きぼう》しているかどうか、ということ。

寺田さんは、その強い意志《いし》が大事だと考えています。

重症心身障《じゅうしょうしんしんしょう》がいのある子で、言葉を話せない場合、視線入力《しせんにゅうりょく》（パネルを見せて目で文字を追ってもらい、その動きで意志《いし》を確認《かくにん》する方法《ほうほう》）で、キッズ団《だん》に入りたいかどうかの気持ちを、確認《かくにん》することがあります。

ある男の子は、お母さんが「やる」「やらない」のパネルを見せると、「やる」と目で教えてくれました。

パネルを逆《さか》さまにして確《たし》かめても、「やる」のほうを選《えら》びました。

その子が、どれだけ参加《さんか》を楽しみにしているのかが、わかります。

心魂《こころだま》プロジェクトとの出あい

寺田さんと有永さんは、心魂《こころだま》プロジェクトがイベントを行うとき、きょうだい児《じ》たちの存在《そんざい》も気になっていました。

(きょうだい児《じ》たちも、いろいろな思いをかかえているようだ)

そこで、きょうだい児《じ》が集まって、自分たちの思いをはきだし、パフォーマンスをする場も作りたいと考えはじめたのです。

ちょうどそんなときに、穂乃果さんと結衣花《ゆいか》さんが、心魂《こころだま》プロジェクトに出あったのでした。

穂乃果さんが中学三年生だった、二〇二二年十二月二十二日のことです。

結衣花さんは、特別支援学校《とくべつしえんがっこう》に入ったころから、放課後等《ほうかごとう》デイサービス「にじいろ」に通っていました。

放課後等《ほうかごとう》デイサービスは、家族の負担《ふたん》を減《へ》らすため、支援《しえん》を必要《ひつよう》とする子どもを預《あず》かってくれるところです。

結衣花さんは現在《げんざい》も、胃《い》ろうによる栄養補給《えいようほきゅう》をつづけています。

少しの距離《きょり》なら歩けますが、長く移動《いどう》するときは車椅子《くるまいす》を使っています。言葉の発達《はったつ》もおそく、三歳《さい》の子どもが話すくらいのかんたんな言葉しかしゃべれません。

そんな結衣花さんを支援《しえん》してくれるデイサービスの行事で、心魂《こころだま》プロジェクトのオンライン配信《はいしん》を鑑賞《かんしょう》することになったのです。

ところが、その日結衣花さんは体調が悪く、デイサービスへ行くことができませんでした。

そこで、心魂《こころだま》プロジェクトの配信《はいしん》を、一人だけ家でオンラインで見ることにしたのです。

ちょうどその日、穂乃果さんも学校が早く終わりました。

「わたしも、ミュージカルが好《す》きだから見たいな！」

こうして、いっしょに鑑賞《かんしょう》することになりました。

この日は、「ミュージカルで世界の旅をしよう」という企画《きかく》でした。

世界の国の映像《えいぞう》を背景《はいけい》に、寺田さんや有永さんなど、プロのミュージカル俳《はい》優《ゆう》が、「アナと雪の女王」や、「ライオンキング」などの歌を歌います。

しかも、オンラインで交流する時間では、

「結衣花さん！」

と、見ている子どもたちの名前も呼《よ》んでくれます。

テレビなどとはちがい、画面のむこう側《がわ》とコミュニケーションがとれるのは、なかなかイベントを見にいけない結衣花さんにとって、とても楽しいことでした。

穂乃果さんも、プロのすばらしい歌声に、すっかり感動してしまいました。

「ゆいちゃん、すごかったね。また見たいね！」

「うん！」

穂乃果さんと結衣花さんは、年が明けた一月にも、今度はラ・ファミリエにむけた、心魂《こころだま》プロジェクトのオンライン公演《こうえん》を見ました。

同じ世界旅行の企画《きかく》でしたが、もっと長いバージョンでした。

「また会えたね！」

寺田さんは、画面ごしに見た穂乃果さんたち姉妹が、強く印象《いんしょう》に残《のこ》ったといいます。

目をキラキラさせて見ている穂乃果さん。ニコニコ明るい結衣花さん。

穂乃果さんのほうも、思っていました。

（心魂《こころだま》プロジェクトって、すごいパワーがある人たちだ！）

終わった後も、歌われた曲が、ずっと頭の中を流れていました。

インターネットで、過去《かこ》の配信《はいしん》も見てみました。

（子どもたちも参加《さんか》しているんだな。結衣花も歌やダンスが好《す》きだし、わたしもミュージカルが好《す》きだし、心魂《こころだま》キッズ団《だん》に入りたいな）

インスタグラムを見ていたら、たまたま寺田さんのアカウントを見つけました。フォローすると、寺田さんがメッセージを送ってくれました。

「ステキな空気を、姉妹で届《とど》けてくれてありがとう。幸せでした」

(わあ、うれしい！　わたしだってことに、気づいてくれたんだ！)

穂乃果さんは、すぐに返信《へんしん》します。

「こちらこそ、ありがとうございました。最高《さいこう》の時間でした」

そして、結衣花さんと二人で、心魂《こころだま》プロジェクトのＹｏｕＴｕｂｅ《ユーチューブ》を見ているところを動画に撮《と》って送ったのです。

喜《よろこ》んだ寺田さんは、穂乃果さんにメッセージを送りました。

「わたしたちは、さまざまなワークショップを開いているので、ぜひ参加《さんか》してほしいです」

穂乃果さんは、それに答えました。

「ぜひぜひ。心魂《こころだま》キッズ団《だん》にも興味《きょうみ》があります」

「それなら、くわしく聞きたいので、オンラインで話しませんか」

「はい。でも、もうすぐ高校受験《こうこうじゅけん》なので、それが終わったらお願《ねが》いします」

こうして、受験《じゅけん》が終わった一月の下旬《げじゅん》に、オンラインで面接《めんせつ》をし、穂乃果さんと結衣花さんは、心魂《こころだま》キッズ団《だん》に入ることになりました。

◎初《はじ》めてのオンライン配信《はいしん》

心魂《こころだま》キッズ団《だん》に入ると、穂乃果さんと結衣花さんに、さっそく課題《かだい》が出ました。

ミュージカル・ライオンキングの「サークル・オブ・ライフ」という曲に合わせて、パフォーマンスをすることです。

曲にのって、踊《おど》ったり体を動かしたりします。

穂乃果さんが、そのようすを動画に撮《と》っておくると、返事が来ました。

「結衣花さんの動きは、それでいいですが、穂乃果さんは、少しレッスンしましょうか」

そして、穂乃果さんは心魂《こころだま》プロジェクトのプロのメンバーにオンラインで、

「この動きはこうしたほうが、きれいに見えるよ」

などと、指導《しどう》してもらうことができました。

こうして、二〇二三年三月四日には、愛知県《あいちけん》のある施設《しせつ》にむけてのオンライン公演《こうえん》に、まず、穂乃果さんが出演《しゅつえん》したのです。

その施設《しせつ》では、重症心身障《じゅうしょうしんしんしょう》がいのある子どもたちが見ていましたが、終わった後、施《し》設《せつ》のスタッフの人が、

「いっしょに手を動かしていた子がいましたよ」

心魂キッズ団に入った
結衣花さんと穂乃果さん

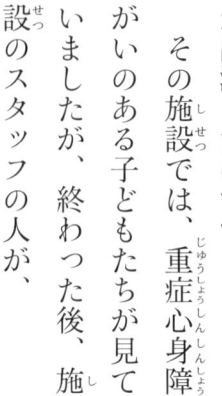

と教えてくれたので、穂乃果さんも、

「出てよかった！」

と強く感じました。

三月十二日には、結衣花さんも、広島県にある施設《しせつ》にむけてオンラインでパフォーマンスをしました。

◎心魂《こころだま》プロジェクトの合宿に参加《さんか》

二〇二三年四月、穂乃果さんは高校に進学しました。

新型《しんがた》コロナウイルスの流行は、まだつづいていましたが、五月には学校でマスクをつけるかどうかも、任意《にんい》となりました。世の中は、しだいにコロナ禍《か》前の平常《へいじょう》な状態《じょうたい》にもどっていきます。

穂乃果さんは、ゴールデンウィークには、一人で松山《まつやま》から飛行機《ひこうき》に乗って横《よこ》浜《はま》に行き、心魂《こころだま》プロジェクトのきょうだい児《じ》の合宿に参加《さんか》しました。

心魂《こころだま》プロジェクトでは、きょうだい児《じ》のメンバーを募集《ぼしゅう》していたので、応募《おうぼ》を呼《よ》びかけるプロモーションビデオを撮影《さつえい》するのが目的《もくてき》です。

じつは前の年から、穂乃果さんより一つ年上の女子高生一人がメンバーとなり、活動を始めていました。

四月から、穂乃果さんは、その先輩《せんぱい》とオンラインでのレッスンをいっしょに受けていました。

今回の合宿では、二人が参加《さんか》して、いっしょに歌やダンスを、プロのメンバーから教えてもらうのです。交通費《こうつうひ》も宿泊代《しゅくはくだい》も、朝食代以外《いがい》は、すべて心魂《こころだま》プロジェクトが負担《ふたん》します。

いよいよ、スタジオでのレッスンが始まりました。

ミュージカル・マチルダの「リボルティング・チルドレン（反乱《はんらん》を起こす子どもたち）」という曲を歌います。

二度とがまんはしない！　二度とあきらめない！

寺田さんは、二人に、こういいました。

「世界中にいるきょうだい児《じ》の気持ちを代弁《だいべん》して、くやしい気持ちとか、悲しい気持ちとかをこめてごらん。あなたたちなら、できるでしょう！」

穂乃果さんは、これまでの自分の思いをふりかえりながら、泣《な》きながら歌いました。

結衣花さんが入院してさみしかったこと、家族四人で出かけられなかったこと……。

今回のきょうだい児募集《じぼしゅう》については、こう考えていました。

（自分の思いを、もしまっすぐに出せないきょうだい児《じ》がいるとしたら、ずっとがまんして、いつか爆発《ばくはつ》してしまうのではなく、きょうだい児《じ》どうし、みんなでつながりあって、自分たちの未来《みらい》をつかんでいきたい！）

そんな思いをこめ、「みんなついてこいっ！」と、呼《よ》びかけるくらいのいきおいで歌いました。

そして三日目には、無事《ぶじ》、きょうだい児《じ》パフォーマー募集《ぼしゅう》のプロモーションビデオの撮影《さつえい》を終えることができたのです。

また、レッスンや撮影《さつえい》をするだけでなく、横浜《よこはま》のいろいろな名所にも案内《あんない》してもらいました。

穂乃果さんは、先輩《せんぱい》の女子高生と、おたがいに家庭のことなどを、いろいろ打ち明けあうこともでき、こう思いました。

（今までの人生で、一番充実《じゅうじつ》した時間だった……）

⑨地元愛媛《えひめ》での公演《こうえん》

その後も、穂乃果さんと結衣花さんの活動はつづきました。

八月には、心魂《こころだま》プロジェクトのメンバーが愛媛県東温市《えひめけんとうおんし》にやってきました。ラ・ファミリエの設立《せつりつ》二十周年《しゅうねん》を記念《きねん》して、イベントが行われたのです。

《みんなにワクワクを届《とど》ける！　心魂《こころだま》ソング＆ダンスショー》

心魂《こころだま》プロジェクトが、愛媛《えひめ》で対面の公演《こうえん》するのは、初《はじ》めてのことでした。

穂乃果さんは、その記念《きねん》の舞台《ぶたい》に結衣花さんといっしょに立ち、マイクを握《にぎ》りました。

「病気の子どもも、障《しょう》がいのある子どももそうだし、きょうだい、ご家族、支《ささ》えるみなさんも、いつもいつも笑顔《えがお》になれないこともあると思うんですけれど、それでもこの地球には、やさしい人がいっぱいいて、愛《あい》も希望《きぼう》もたくさんあります。そんな愛《あい》だったりやさしさを、みなさんに感じていただきたいなと思い

愛媛県で対面公演をする穂乃果さん（中央右）と結衣花さん（中央左）、心魂プロジェクトのみなさん

ながら、歌います」

　こうして、「ビリーブ」という曲をソロで歌いました。結衣花さんも、「サークル・オブ・ライフ」の曲に合わせて、体を動かしました。

「穂乃果、とってもよかったよ！」

　お父さんやお母さんも見にきてくれて、お父さんは、舞台道具《ぶたいどうぐ》を運ぶ手伝《てつだ》いまでしてくれました。

　その後、両親と結衣花さんは帰宅《きたく》しましたが、穂乃果さんは、心魂《こころだま》プロジェクトのメンバーと車に乗りこみ、高知県にむかいました。

そして、そこでも対面でパフォーマンスを行ったのです。

このように穂乃果さんは、きょうだい児《じ》としての思いを、仲間《なかま》と分かち合いながら、自分の好《す》きな劇《げき》や歌などのパフォーマンスを行うという、すばらしいチャンスに出あうことができました。

現在《げんざい》でも、結衣花さんがたまに体調をくずして入院するときには、お母さんが付《つ》きそうので、穂乃果さん一人で、何日も自宅《じたく》で留守番《るすばん》しなくてはなりません。

それでも、「一人じゃない」ということが大きな心の支《ささ》えになっています。

部活動や、地元のアクターズスクール、手話サークル、そして心魂《こころだま》プロジェクトの活動など、穂乃果さんは毎日ぎっしりのスケジュールを、元気にこなしています。

第4章

きょうだい児《じ》たちの思い

きょうだい児《じ》たちの悩《なや》み

ここまで、中山穂乃果《なかやまほのか》さんが、心魂《こころだま》プロジェクトという団体《だんたい》に出あい、自分の居場所《いばしょ》を見つけるまでをたどってきました。

第4章では、もっと広く、きょうだい児《じ》について考えてみたいと思います。きょうだい児《じ》の問題は、大人になってもずっとつづくので、子どものときだけ、というわけではありません。

子どもの場合は「きょうだい児《じ》」ですが、大人をふくめた場合は、「きょううだい」や「きょうだいさん」と呼《よ》ばれることが多いようです。

日本の障《しょう》がい者《しゃ》の数は、身体障《しんたいしょう》がい者《しゃ》約436万人、知的障《ちてきしょう》がい者《しゃ》約109万人、精神障《せいしんしょう》がい者《しゃ》約615万人、合計すると一千万人を超《こ》えます（内閣府《ないかくふ》・令和《れいわ》五年版障害者白書《ねんばんしょうがいしゃはくしょ》）。

この一人ひとりに家族がいることを考えると、きょうだいの数は、とても多いことが推測《すいそく》されます。

そして、それぞれのようすは、人によってさまざまでしょう。

兄弟姉妹の病気にも、たくさんの種類《しゅるい》があるし、障《しょう》がいといっても、症状《しょうじょう》は、それぞれまったくちがいます。

また、家族の職業《しょくぎょう》、年齢《ねんれい》、性格《せいかく》……など、いろいろな要素《ようそ》もからんで、それぞれの家庭は千差万別《せんさばんべつ》です。

そのきょうだいをひとくくりにすることは、決してできませんが、一般的《いっぱんてき》には、どんな悩《なや》みをかかえがちだとされているのでしょう。

（1）兄弟姉妹の病気や障《しょう》がいの症状《しょうじょう》に悩《なや》む

①とくに小さい子は、自分も同じ病気や障《しょう》がいになるのではと心配する。
②子どものころ、正しい情報《じょうほう》を親から教えてもらえず、兄弟姉妹のことがよく理解《りかい》できなかった。
③「自分だけ何でもできて悪いな」と、罪悪感《ざいあくかん》を持ってしまう。
④「もし兄弟姉妹に感染症《かんせんしょう》がうつったら困《こま》る」と、家族みんなで常《つね》にピリピリして、外出も思うようにできない。

（2）さみしさや孤独《こどく》を感じる

①親にかまってもらえず、さみしい思いをする。
②自分だけがまんをすることが多く、不公平《ふこうへい》さを感じる。
③「どうしてうちの家族は、他の家族とちがうんだろう」と悩《なや》む。
④兄弟姉妹が亡《な》くなった場合は、大きなショックを受ける。

（3）親に大きな期待をされ、いい子になりがち

①親は、病気や障《しょう》がいのある子の世話で大変《たいへん》だから、せめて自分は迷惑《めいわく》をかけまいと思い、がんばっていい子になる。

②子どもなのに、親に期待され、家事や世話をするヤングケアラーになる。

③いつも自分より兄弟姉妹を優先《ゆうせん》することが、習慣《しゅうかん》になってしまう。

（4）周囲《しゅうい》の目が気になる

①周囲《しゅうい》の人が兄弟姉妹をいじめたり、差別《さべつ》したりすることに傷《きず》つく。

②兄弟姉妹のことを、友だちに話せない。

（5）兄弟姉妹から暴力《ぼうりょく》や暴言《ぼうげん》を受ける

①障《しょう》がいの種類《しゅるい》によっては、兄弟姉妹から暴力《ぼうりょく》を受けたり、暴言《ぼうげん》をはかれた

りして、いっしょに過《す》ごすのがつらくなる。

(6) 自分の進路に影響《えいきょう》を受ける

①きょうだい児《じ》は、ケアの必要《ひつよう》な兄弟姉妹と暮《く》らすうち、その大変《たいへん》さを知るため、福祉《ふくし》、医療関係《いりょうかんけい》の仕事に就《つ》こうと思うようになる。
②兄弟姉妹の世話ができるよう、家から遠い地域《ちいき》への進学や就職《しゅうしょく》を控《ひか》える。
③あるいは反対に、家にいるのが息苦しくなって早く家族と別《わか》れたくなり、家を出る。

(7) 結婚《けっこん》に悩《なや》む

①結婚相手《けっこんあいて》や相手の家族が、兄弟姉妹のことをどう思うか気にする。
②結婚《けっこん》して家を出て、兄弟姉妹と離《はな》れることに罪悪感《ざいあくかん》をいだく。
③病気や障《しょう》がいが、もし自分の子に遺伝《いでん》したらどうしようかと悩《なや》む。

（8）親亡《な》き後のことを心配する

①今は親が兄弟姉妹の面倒《めんどう》を見ているが、老《お》いて亡《な》くなった後、自分が一生面倒《めんどう》を見なければならないのかと悩《なや》む。

きょうだいだから、がまんしなくちゃいけないの？

この本を書いているわたし自身も、きょうだい児《じ》として、子どものころは、いくつかの悩《なや》みがありました。

十歳《さい》下の妹が、高度難聴《こうどなんちょう》で耳がほとんど聞こえないとわかったとき、家は大《おお》騒動《そうどう》になりました。

妹を国立の聾学校《ろうがっこう》の付属《ふぞく》の幼稚園《ようちえん》に入れるため、急に引《ひ》っ越《こ》すことになり、わたしは、せっかく中学受験《ちゅうがくじゅけん》して入学した中高一貫校《ちゅうこういっかんこう》を、転校しなくてはなりませんでした。そのときは正直、悲しかったです。

そんな毎日の中で、妹の世話でいそがしかった母は、わたしの学校の費用《ひよう》の振《ふ》り込《こ》みを、忘《わす》れたことがありました。

学校で先生から注意され、家に帰って、

「お母さん、先生が、振《ふ》り込《こ》みしてくださいっていってたよ」

と伝《つた》えたら、そばにいた父がわたしに、

「おまえは、今、家の中がどんな状況《じょうきょう》かわかっているのか」

と、どなったことがあります。

(どうして自分が、怒《おこ》られなくちゃいけないの?)

わたしはもう、それ以上《いじょう》、何もいえなくなりました。

このように、自分のせいではないのになぜか責任《せきにん》を負わされる、というのは、きょうだい児《じ》の場合、ときどきあることなのかもしれません。

きょうだい児《じ》だから、多少のがまんをするのが当たり前、というのは、おかしいと思いませんか。

何かをがまんするたびに、「あなたは、お姉さんでしょう」といわれるのも、納得《なっとく》がいきませんでした。好《す》きで長女になったわけではないからです。

また、周囲《しゅうい》の人たちが妹を見る目も、気になってしかたがありませんでした。電車やバスの中で妹と話していると、みんながふりかえります。

聴覚障《ちょうかくしょう》がいがあるために、妹の声が少しふつうとちがうからだと思いますが、もっと世の中が障《しょう》がいのある人をやさしい目で見てくれたら、どんなに本人もきょうだいも生きやすくなるでしょう。

お店などで、紙に字を書いて話す「筆談《ひつだん》」をたのんでも、面倒《めんどう》くさがられることがあります。

病院で「名前を呼《よ》んでも聞こえませんから」とあらかじめ断《ことわ》っておいても、やっぱり声だけで呼《よ》ばれることが、何度もあります。

妹は、聾学校《ろうがっこう》からふつうの学校に転校しましたが、そこでの学校生活でもストレスを感じたようです。その後、精神的《せいしんてき》な病気も発症《はっしょう》してしまいました。

一方、わたしのほうは、大人になるにつれ、結婚相手《けっこんあいて》に、障《しょう》がいのある妹のことをわかってもらえるかどうかで悩《なや》みました。

しかし、けっきょく気にしすぎだったところもあり、結婚《けっこん》して家庭を持ち、二人の息子を育てることができました。

すると今度は、親が亡《な》くなった後、妹の世話をどうするかが心配になります。

父は早く亡《な》くなり、母は認知症《にんちしょう》を発症《はっしょう》したため、老人《ろうじん》ホームに入りました。

そして妹は現在《げんざい》、本人の希望《きぼう》で一人暮《ひとりぐ》らしをして、わたしと弟がサポートしながら、平穏《へいおん》に過《す》ごしています。

いろいろ悩《なや》んだことはあったけれど、あまり先々のことを心配せずに、社会《しゃかい》福祉《ふくし》の制度《せいど》を利用《りよう》しながら、そのときそのときで対応《たいおう》すれば、なんとかなるものだ、と今は感じています。

SOSを発信《はっしん》して

もちろん、きょうだい児《じ》だからといって、みんな悩《なや》みをかかえているわけではありません。また、家庭にいろいろな事情《じじょう》があるのは、別《べつ》にきょうだい児《じ》だけの話でもありません。

それぞれの状況《じょうきょう》は、千差万別《せんさばんべつ》だとは思いますが、もしあなたが悩《なや》んでいたら、ぜひインターネットなどで、先輩《せんぱい》たちの経験談《けいけんだん》を検索《けんさく》してみてください。自分に近い環境《かんきょう》の人が、きっと見つかると思います。

また、だれかに相談することも大切です。

家庭によっては、現実《げんじつ》の生活は、かなりきびしいでしょう。きょうだい児《じ》として、いやな経験《けいけん》をたくさんして、兄弟姉妹のことを、どうしても好《す》きになれない場合もあるでしょう。重くのしかかる暗い思いに、押《お》しつぶされそうになっている人もいるはずです。

ですが、自分が本当に感じていること、考えていることは、とても大切なことです。それをいけないことだと思って罪悪感《ざいあくかん》を持ったり、ましてや、自分をきらいになったりする必要《ひつよう》はありません。

ずっとがまんしつづけて、爆発《ばくはつ》させてしまったり、心身に悪い影響《えいきょう》が出たりする前に、助けを求《もと》めてはどうでしょうか。

穂乃果さんのケースのように、相談にのってくれる人は、探《さが》せばまわりにいると思います。悩《なや》みを聞いてもらうだけでも、少しは楽になるでしょう。

そして場合によっては、兄弟姉妹から離《はな》れる、という方法《ほうほう》も必要《ひつよう》になるかもしれません。

一人で悩《なや》んで、あきらめないでほしいと思います。

第5章

あなたが人生の主役

——藤木和子《ふじきかずこ》さん

第5章と第6章では、ご自身が障《しょう》がい者《しゃ》のきょうだいであり、さらにそれに関係《かんけい》した活動をしている大人二人を紹介《しょうかい》します。

一人目の藤木和子《ふじきかずこ》さんは、聴覚障《ちょうかくしょう》がいのある弟さんがいます。現在《げんざい》は弁護士《べんごし》となり、「Sibkoto（シブコト）障《しょう》がい者《しゃ》のきょうだいのためのサイト」「聞こえないきょうだいをもつSODA（Siblings Of Deaf Adults/Children）ソーダの会」などで、きょうだいのための活動をしています。

◎聴覚障《ちょうかくしょう》がいのある弟さん

藤木さんは、一九八二年十二月生まれ、埼玉県上尾市《さいたまけんあげおし》の出身です。弟さんが生まれたのは、三年後の七月です。

弟さんに聴覚障《ちょうかくしょう》がいがあることは、藤木さんが幼稚園《ようちえん》の年長だった十二月、六歳《さい》の誕生日《たんじょうび》の直前に、わかりました。とても寒い日のことでした。

「え？　耳が聞こえないの？　どうして？」

藤木さんは、小さいころのことをあまりよくおぼえていないのに、その日のことを強く記憶《きおく》しているのは、それだけ家族にとってとても大きな出来事だったのでしょう。

検査《けんさ》の結果《けっか》、弟さんは高度難聴《こうどなんちょう》であることがわかり、わかば園という難聴児《なんちょうじ》療育施設《りょういくしせつ》にお母さんと通い始め、補聴器《ほちょうき》をつけ、言葉の訓練《くんれん》を受けることになりました。

聞こえている子どもであれば、言葉を自然《しぜん》におぼえることができますが、聴《ちょう》覚《かく》に障《しょう》がいがある場合は、周囲《しゅうい》の大人が、意識《いしき》して言葉を教える必要《ひつよう》がありま す。

まわりの人が話しかけるときは、顔をむけ、口を大きく開けて、ゆっくり話します。こうすると、唇《くちびる》の動きで、言葉を少し読み取れるようになります。

ひらがなを教え、カードに物の名前を書いて、おぼえます。

そのため、家じゅうの物にその名前を書いたシールを貼《は》ることになりました。たとえば、炊飯器《すいはんき》には「すいはんき」と書いたシールを貼《は》って教えるのです。

一方、発音の練習もします。聞こえていないと、自分がどんな声を出しているかわからないので、練習が必要《ひつよう》になります。

じつは手話は、発語のさまたげになるとされ、長いあいだ、聴覚《ちょうかく》に障《しょう》がいがある人たちの教育の場で禁止《きんし》されていました。

手話が、一つの言語として法律上認《ほうりつじょうみと》められたのは、二〇一一年のことです。

だから弟さんも藤木さんも手話は使わず、藤木さんが弟さんに話しかけるときは、口を大きくゆっくり開けて話しました。

けれども、弟さんは、藤木さんとお母さんの口の動きは読み取れましたが、お父さんや他の人が話す言葉は、なかなか読み取れませんでした。

そんなときは、藤木さんが弟さんに、

「○・○って、いっ・て・る・よ」

と、ゆっくりいいかえると通じるので、あいだに入ることが多くなりました。

つまり、通訳《つうやく》の役目を、知らずしらずのうちに、担《にな》っていたのです。

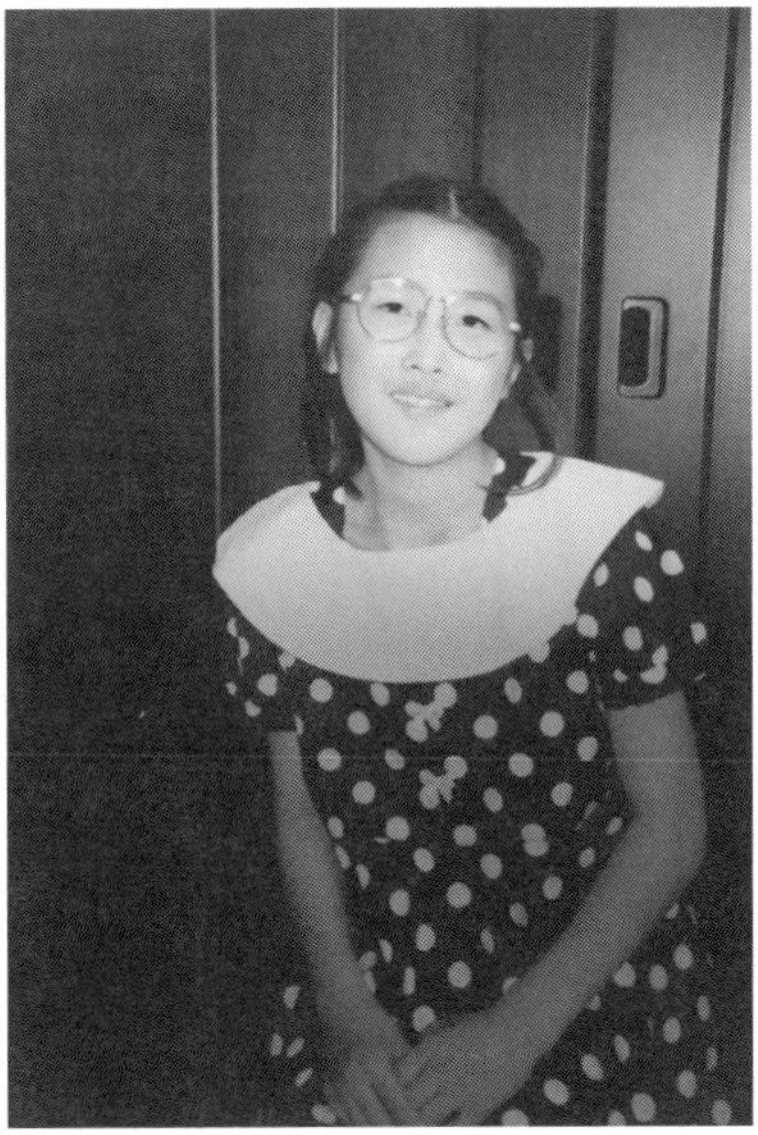
小学校５年生の藤木さん

◎聞こえるお姉ちゃん

藤木さんは、まわりの人から、

「弟さんの耳が聞こえない分、お姉ちゃんがしっかりがんばってね」

といわれるのが、とてもいやでした。

弟さんといっしょに遊ぶときは、とっくみあいのけんかもして、とくにふつうの姉弟と変《か》わるところはありません。ところが、けんかをしていると、

「お姉ちゃんでしょ？　あなたの弟は耳が聞こえないんだから、やさしくしてあげなさい」

とよく怒《おこ》られたのです。

（好《す》きでお姉ちゃんに生まれたわけじゃないのに。遊びやけんかに、聞こえるかどうかは関係《かんけい》ないのに……）

と、くやしく感じました。

また、藤木さんは、弟さんと過《す》ごしながら、自分が聞こえることに、罪悪感《ざいあくかん》を持つようになりました。

いっしょに歌を歌うこともできません。

ゲームやマンガを楽しむことはできますが、テレビでアニメやドラマを見るときは、当時は字幕《じまく》もついていなかったので、弟さんには何を話しているのかわかりません。

（わたしだけ聞こえて、ごめんね……）

小学生のとき、藤木さんは、家にピアノの先生を呼《よ》んで、ピアノを練習することになりました。

弟さんもそばにいましたが、リズム遊びなどをいっしょにやっても、どうしてもうまくいきません。

（わたしだけピアノをひくなんて、悪いな。心から楽しめないな）

藤木さんはそう感じて、けっきょくピアノを習うのはやめてしまいました。

◎がんばるお姉ちゃん

藤木さんは、しっかり者のお姉さんとして、両親からたよりにされていたので、いつもこう思っていました。

（もしわたしの成績《せいせき》が下がり、不真面目《ふまじめ》な態度《たいど》をとったら、まわりの人は、親が弟の世話でいそがしいせいだと思うかもしれない。それはいやだな）

だから勉強も、クラブ活動も、いっしょうけんめいがんばりました。

何かいやなことをいわれても、無理《むり》に笑顔《えがお》を作ります。

いい子で問題がない、と周囲《しゅうい》の人に思ってほしかったのです。

ところがお母さんは、藤木さんと弟さんの成績《せいせき》を比《くら》べて、こういったことがありました。

「いいところは、ぜんぶお姉ちゃんがとっちゃったのね。お姉ちゃんが、こんなにできなくてもいいのに……」

藤木さんにはそれが、

(弟にはハンディキャップがあるのだから、分けてあげればいいのに)

といわれているように感じられました。

だから、いい成績《せいせき》をとっても、心からうれしく思えなかったのです。ときには手をぬいて悪い点をとり、親を喜《よろこ》ばせようとしたことさえありました。

一方、あいかわらず周囲《しゅうい》には、

「お姉ちゃんは、聞こえない弟のためにもがんばれ」

といわれつづけます。藤木さんは悩《なや》みました。

(わたしは自分の分しか、がんばれない。いったい、わたしも弟も、将来《しょうらい》どうなるんだろう。ちゃんとした大人になれるんだろうか。幸せになれるんだろうか)

弟さんも自分も不幸《ふこう》で、自分は生まれてこなければよかったのではないか、とまで思いつめました。

しかし、だれにも相談することは、できなかったのです。

お父さんは弁護士《べんごし》の仕事でいそがしくしているし、お母さんは弟さんの世話で手いっぱいです。

自分まで悩《なや》みを口にして、困《こま》らせるわけにはいかない、と思いました。

◎弁護士《べんごし》を自分が継《つ》ぐかどうか

藤木さんは中学受験《ちゅうがくじゅけん》をして、都内にある中高一貫《ちゅうこういっかん》の女子校に入学しました。

高校のとき、仲《なか》のいい友だちが留学《りゅうがく》しました。

家で過《す》ごすことに息苦しさを感じていたところだったので、

（こうやって家を出る方法《ほうほう》があるんだ！）

と気づき、自分もアメリカに留学《りゅうがく》しました。

海外で生活して、家族と離《はな》れてみると、精神的《せいしんてき》にも安定しました。周囲《しゅうい》の目を気にすることなく、自分らしく、やりたいことだけをして、過《す》ごすことができたからです。

帰国して大学を受験《じゅけん》することになりましたが、自分の進路については、ずっと迷《まよ》っていました。

お父さんが、弁護士《べんごし》を継《つ》いでほしいと、強く希望《きぼう》していたからです。

家族のために地元に残《のこ》ってほしい、ともいわれました。

けれども藤木さんは、

（跡《あと》を継《つ》ぐのは長男である弟のはずなのに、自分が継《つ》いだら悪い）

と、感じてしまいました。

親戚《しんせき》のあいだでは、長男を優遇《ゆうぐう》する考えがまだ残《のこ》っていました。

また、弟さんといっしょに読んでいたマンガにも、長男が家を継《つ》ぐ話が、偶《ぐう》然《ぜん》多かったのです。

（人のものをとってまで、弁護士《べんごし》になりたくない）

本当は、感じなくてもいい負い目でしたが、自分だけ聞こえることに罪悪感《ざいあくかん》を持っていたせいか、そう思ってしまいました。

（でも、お父さんの期待に応《こた》えてあげたいな）

迷《まよ》いに迷《まよ》って、大学の法学部《ほうがくぶ》に進学しました。

けれども、どうしても弁護士《べんごし》には、心からなりたいとは思えず、とちゅうで転部も考えました。

しかし、けっきょく卒業後《そつぎょうご》は、法科大学院《ほうかだいがくいん》に進み、二十七歳《さい》のとき、司法試《しほうし》験《けん》に合格《ごうかく》します。

悩《なや》みを聞いてもらって

進路に悩みながらも大学卒業をむかえた藤木さん

それでも、藤木さんは、まだ、もんもんとしていました。

（弁護士《べんごし》は、本当に自分が就《つ》きたい仕事だったのかな。まわりの期待に応《こた》えることで、自分を守ろうとしただけじゃないの？）

まだまだ迷《まよ》いはつづきましたが、弁《べん》護士《ごし》になってからは、お父さんと数年間いっしょに仕事をすることになりました。

（きょうだいとしての経験《けいけん》や考えたことを生かして、自分にしかできないことをやってみよう）

そう考えて、障《しょう》がい者《しゃ》に関係《かんけい》する裁判《さいばん》、たとえば、手話通訳《しゅわつうやく》を派遣《はけん》するように求《もと》める裁判《さいばん》などに、自ら手を挙《あ》げて参加《さんか》しました。

裁判《さいばん》の結果、ある自治体《じちたい》は、手話通訳《しゅわつうやく》を派遣《はけん》するときのルールを改正《かいせい》しました。

(よかった。耳が聞こえない人たちの権利《けんり》が認《みと》められた！　一つの前進だ)

弁護士《べんごし》として働《はたら》きはじめた藤木さんは、こうしていろいろな経験《けいけん》を重ねていきました。

尊敬《そんけい》できる先輩《せんぱい》たちに出あい、悩《なや》みを聞いてもらうこともできました。

その中には、聞こえない弁護士《べんごし》の人たちもいました。

子どものときは、聴覚障《ちょうかくしょう》がい者《しゃ》で弁護士《べんごし》になった人がいたことを知らなかったのですが、調べてみると、何人もいました。

(弟は弁護士《べんごし》を継《つ》げない、というのは、勝手な思いこみだったんだ。もっと早く、出あっていたかった)

と、感じました。

大先輩《だいせんぱい》である聞こえない弁護士《べんごし》の先生に、自分の将来《しょうらい》のことを相談すると、ユーモアを交えて温かく話を聞いてもらうことができ、心強く感じました。

また、CODA（聞こえない親を持つ、聞こえる子ども）である研究者の女性《じょせい》にも、藤木さんは自分の悩《なや》みをたくさん紙に書き出して相談しました。すると、

「藤木さんは、乗《の》り越《こ》えているとちゅうだね。いっしょにがんばりましょう」

と、やさしい言葉をかけてもらうことができました。

◎全国きょうだいの会

結婚《けっこん》についても悩《なや》んでいました。

高校や大学で付《つ》きあっている人がいても、なかなか弟さんのことをいいだせ

ませんでした。

(いつ、いおうかな……。ご家族はどう思うかな)

それだけで、頭の中がいっぱいになってしまいます。

自分のことを、弟さんのことをふくめて、しっかりわかってほしいという気持ちが強かったのですが、

(受けいれてもらえなかったら、どうしよう)

と、考えれば考えるほど、思いつめてしまったのでした。

あるときは、付《つ》きあっていた人に、泣《な》きながら弟さんのことを打ち明け、

「それで、どうしたいの?」

と、いわれてしまったこともありました。

そんな悩《なや》みをかかえた藤木さんは、二十九歳《さい》のとき、「全国きょうだいの会」という団体《だんたい》の交流会に初《はじ》めて参加《さんか》しました。この会は、一九六三年に結成《けっせい》された、歴史《れきし》あるきょうだいのための会です。

藤木さんは、その会があることは知っていましたが、いままで日程《にってい》が合わず参加《さんか》できませんでした。

交流会に参加《さんか》してみると、初《はじ》めて会うのに、不思議《ふしぎ》なくらい話が合いました。新人でも、やさしく歓迎《かんげい》してもらえました。

(ずっと探《さが》していた場所だ。もっと早く来ればよかった)

結婚《けっこん》に関《かん》しても、聞いてみました。

「みなさんは、どうやって結婚《けっこん》されましたか？　相手の家族に反対されたりしませんでしたか？」

すると、

「むこうの家族に障《しょう》がい者《しゃ》はいないけれど、うまくやっています」

「相手の親は心配もあったようですが、最終的《さいしゅうてき》には歓迎《かんげい》してもらえました」

と、経験談《けいけんだん》を話してもらえました。

(そうか。そんなに心配しなくても、だいじょうぶなんだ)

藤木さんは、少しほっとします。

弁護士《べんごし》としての仕事についても、本当にやりたかったかどうかわからないと、悩《なや》んでいることを打ち明けると、

「もし、つづけたくないんだったら、転職《てんしょく》してもいいんじゃない？　こんな例《れい》もあるよ。親に期待されて、福祉関係《ふくしかんけい》の仕事を選《えら》んだ人が、とちゅうで転職《てんしょく》して自分がやりたい仕事に就《つ》いたんだって。思いきって転職《てんしょく》してよかったっていってたよ」

「なるほど、そうなんですか。当たり前だけれど、けっきょく自分が選《えら》ぶことが大事なんですね……」

全国きょうだい会に参加《さんか》したことによって、自分が弟さんのことを必要以上《ひつよういじょう》に気にしすぎていたことに気がついたのです。

自分は自分、やりたいように生きていけばよかったのです。

法律《ほうりつ》を学んでいながら、それまで意識《いしき》していなかったのですが、きょうだい

である自分にも「一人の人間として自分らしく生きていく権利《けんり》」があることを、やっと自覚《じかく》することができました。

そして、三十二歳《さい》のとき、結婚《けっこん》しました。

相手の方も弁護士《べんごし》で、家族の介護経験《かいごけいけん》があり、弁護士会《べんごしかい》の障害者委員会《しょうがいしゃいいんかい》のメンバーでもあったので、なんでも話しやすかったのです。

◎団体《だんたい》の立ちあげ

藤木さんは、きょうだいどうしが話したり、情報交換《じょうほうこうかん》したりすることが大事だとわかり、インターネットを活用した団体《だんたい》を立ちあげることにしました。

二〇一八年、きょうだいの仲間《なかま》たちと共同《きょうどう》で、「Sibkoto（シブコト）」を設《せつ》立《りつ》します。

英語《えいご》できょうだいのことをシブリングといいますが、この団体《だんたい》は、インターネットを通じて、「きょうだいのコトをきょうだいのコトバで語ろう」という会です。現在《げんざい》、二千人以上《いじょう》が登録《とうろく》しています。

ネット上で交流や情報交換《じょうほうこうかん》をしたり、体験談《たいけんだん》や専門家《せんもんか》へのインタビューの記事をホームページに載《の》せたり、全国の支援団体《しえんだんたい》のイベントの告知《こくち》などをしたりしています。

しかし、せっかくきょうだいどうしが話していても、兄弟姉妹の病気や障《しょう》がいのようすは、それぞれちがいます。ときには、「聴覚障《ちょうかくしょう》がいは、軽い障《しょう》がいだからいいですね」と、いわれてしまうこともありました。

それぞれのハンディキャップが、どんなもので、どんな苦労《くろう》があるのか、じゅうぶんに理解《りかい》しあうのは、なかなか難《むずか》しいものです。

そこで藤木さんは、「聞こえないきょうだいをもつSODAソーダの会」も作りました。

また、ラ・ファミリエのような各地《かくち》のきょうだい児支援活動《じしえんかつどう》を連携《れんけい》させる動きも進み、二〇二三年には、「一般社団法人《いっぱんしゃだんほうじん》日本きょうだい福祉協会《ふくしきょうかい》」が設立《せつりつ》されたので、藤木さんは、この団体《だんたい》の監事《かんじ》を引き受けました。

藤木さんは、このように時間をかけて、自分に対する周囲《しゅうい》からの重圧《じゅうあつ》や、弟さんへの罪悪感《ざいあくかん》などから、少しずつ解放《かいほう》され、自分自身の道を歩き出しました。

読者のみなさんに、次のようなことを伝《つた》えてほしいと、メッセージをいただいています。

読者へのメッセージ

わたしの場合は、弟と自分は、なんでも同じでないといけないという思いが強かったのですが、もともと別《べつ》の人間なので、がんばりたいこと、得意《とくい》なこともちがっていていいはずです。

きょうだいには、きょうだいの人権《じんけん》があります。

あなた自身が人生の主役です。

みなさんも、自分が本当に好《す》き

ラー～大人ができること～
なんでいつも
わたしがめん
どう見るの
日本ケアラー連盟理事
者とともに歩む兄弟姉妹の会 副会長
藤木和子（ヤングケアラー経験者）

講演をする現在の藤木さん

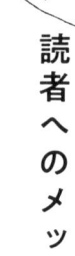

なこと、やりたいことを選《えら》んでいってください。

自分が自由であることを忘《わす》れずに、自分を否定《ひてい》せず、自分を好《す》きになってあげてください。

法律的《ほうりつてき》には、親は子どもを扶養《ふよう》する義務《ぎむ》がありますが、きょうだいの場合は、そうではありません。

自分の身分にふさわしい生活を送ることができていて、なお余力がある場合に経済的《けいざいてき》な援助《えんじょ》をする義務《ぎむ》にとどまり、身辺《しんぺん》の世話は義務《ぎむ》にはふくまれません。

ただ、義務《ぎむ》ではないから援助《えんじょ》しなくてもいい、ということではなく、援《えん》助《じょ》するかしないかは、自分で自由に選《えら》べるのです。

日本には、福祉《ふくし》サービス、生活保護《せいかつほご》、障害者年金《しょうがいしゃねんきん》など、弱者を支《ささ》えるいろいろな制度《せいど》がありますから、「きょうだいの自分が、すべてを引き受けなくては」と、思いこまずに、不安《ふあん》な方は調べてみてほしいと思います。

第6章

多様性《たようせい》を認《みと》めあう社会に——志村駿介《しむらしゅんすけ》さん

二人目に紹介《しょうかい》する方は、志村駿介《しむらしゅんすけ》さんです。ダウン症《しょう》の弟さんがいらっしゃいます。

現在《げんざい》は、障《しょう》がい者《しゃ》への支援《しえん》の仕方をオンラインの研修《けんしゅう》で配信《はいしん》する会社を経営《けいえい》しています。

十歳《さい》までしか生きられない？

志村さんは、一九九〇年三月生まれ。大阪府高槻市《おおさかふたかつきし》の出身です。

三歳半年《さいはん》下の弟さんがダウン症《しょう》だと知ったのは、小学校一、二年生のころのことでした。

ある日、お母さんが出かけているあいだ、弟さんと二人で留守番《るすばん》していました。

ところが、何かをきっかけにけんかになり、志村さんがブリキのおもちゃを投げつけてしまったところ、弟さんは、ケガをしてしまいました。

病院に行って事無《ことな》きを得《え》ましたが、その後、お母さんが志村さんに初《はじ》めて打ち明けたのです。

「じつはこの子はダウン症《しょう》なの」

「ダウン症《しょう》？」

ダウン症候群《しょうこうぐん》は、染色体《せんしょくたい》の異常《いじょう》による障《しょう》がいです。

知能《ちのう》や運動《うんどう》の発達におくれが見られることが多く、心臓《しんぞう》などの病気にかかることもあります。

小学２年生の志村さんと弟さん

説明《せつめい》を聞いて、志村さんはおどろきました。

(今まで、他の子とは、どこかちがうとは思っていたけれど、まさかそんな障《しょう》がいがあったなんて)

お母さんは、さらにこうつづけました。

「お医者さんには、十歳《さい》まで生きられないといわれたのよ」

「ええ？　十歳《さい》まで？」

当時は今ほど医学が進歩していなかったため、ダウン症《しょう》の人は、病気で早く亡《な》くなってしまうことが多かったのでした。

ショックを受けた志村さんは、こう決意しました。

「だったらお母さん、せめて生きているあいだは幸せな時間が過《す》ごせるように、ぼくもがんばるよ！」

「ありがとう、駿介。よろしくね」

弟と仲《なか》よくなる方法《ほうほう》

それでも志村さんは、弟さんが同じ小学校に入学したときは、お母さんにこういいました。

「学校に弟を連《つ》れていくのはいやだよ。友だちといっしょに行きたいよ」

弟さんは、発達《はったつ》のおくれがあるため、目立ってしまうからでした。

すると、お母さんはこういいました。

「何いってるの。あなたは、弟といっしょに学校に行くだけで、まわりから、やさしいお兄ちゃんだと思われるのよ」

「そうか。やさしいお兄ちゃんか。じゃあ、それなら、いっしょに行くことにする」

それまでも、同じマンションの年下の子たちを引《ひ》き連《つ》れて登校していましたが、けっきょく弟さんもその中に加《くわ》え、仲《なか》よく登校するようになりました。

志村さんは、少年野球をやっていましたが、試合《しあい》の日は、お母さんが弟さんを連《つ》れてきました。

友だちは、弟さんがふつうの子とはちがうことに気づいて、

「おまえの弟は、どこか病気なの？」

などと聞いてくると、志村さんは弟さんがダウン症《しょう》であることを説明《せつめい》します。

それを聞いて、友だちもうなずきます。

「やっぱりそうか。なんかちがうから……」

志村さんは、考えました。

(どうやったら、弟とみんなが、うまくコミュニケーションをとってくれるだろう。あ、そうだ……!)

「弟は、こんな歌が好《す》きなんだよ」

と、当時流れていたコマーシャルソングを教えて、みんなで歌ったのです。

すると、弟さんも、ニコニコと笑顔《えがお》になりました。

志村さんは思いました。

(よかった。これからも、まわりの人たちが弟のことを理解《りかい》して、仲《なか》よくしてくれたらいいな!)

◎子どもが責任《せきにん》を感じる必要《ひつよう》はなかったのに

志村さんが弟さんと仲《なか》よくする一方で、家庭内ではお父さんとお母さんの仲《なか》がよくありませんでした。

お父さんのほうの親戚《しんせき》は、ダウン症《しょう》の子が身内にいることを、はずかしいと思っていたようで、弟さんのことを、ずっと周囲《しゅうい》にかくしていました。

また、お父さん自身も仕事でいそがしいためか、家では弟さんの面倒《めんどう》を見てくれませんでした。

お母さんのほうは、いっしょに育児《いくじ》に参加《さんか》してほしかったことでしょう。

あるとき、お母さんが、弟さんをお父さんに預《あず》けて出かけました。

けれども、きちんと見守っていなかったために、弟さんが自分の大便《だいべん》をおもちゃにして、壁《かべ》になすりつけてしまったのです。

帰宅《きたく》したお母さんが、それを見つけて、

「どうして見ていてくれなかったの！」

と泣《な》いていたのを、志村さんはおぼえています。

また、別《べつ》の日には、お父さんが好《す》きなマンガの本を全巻《ぜんかん》そろえて買ってきたところ、弟さんが勝手にお父さんの部屋に入って、ビリビリに破《やぶ》いてしまいました。

するとお父さんは、ただ怒《おこ》って、どなりまくるばかりでした。

お父さんは、息子がダウン症《しょう》であることを、受けいれられなかったのではないか、と志村さんは考えています。

志村さんが中学に入ったときに、お父さんは家を出ていき、高校三年生のとき、両親は離婚《りこん》しました。

（お父さんとお母さんは、これからどうするつもりなんだろう。ぼくと弟は、どうなるんだろう……）

そのあいだ志村さんは、不安《ふあん》で落ちつかない日々を過《す》ごしましたが、おじいさんやおばあさんには、こういわれました。

「あなたが両親をまとめて、仲《なか》よくさせて」

「弟の面倒《めんどう》を見て、お母さんを支《ささ》えてあげなさいよ」

志村さんは、悩《なや》みます。

（お母さんのことは助けてあげたいけれど、両親を仲《なか》よくさせるなんて、とてもぼくにはできないよ……）

まだ十代の志村さんにとって、周囲《しゅうい》の言葉はとても負担《ふたん》になり、

（早くしっかりした大人にならなければ……）

と、ただただプレッシャーを感じました。相談できる人も、いませんでした。

本当は、子どもが大人の問題をかかえこんだり、責任《せきにん》を強く感じたりする必《ひつ》要《よう》は、まったくないのに、追いつめられてしまったのです。

しかし、お母さんは、こういってくれました。

「あなたは、あなたの人生を生きてね。弟のことも、面倒《めんどう》みなくていいからね」

そういわれながらも、志村さんは母子家庭の中で、自分がしっかりしなくてはと、いつも気を張《は》りつめていました。

だから、他の子どもたちが悪ふざけをしても、絶対《ぜったい》それには加《くわ》わりませんでした。

(もし自分がいっしょに悪いことをして、親が先生に呼《よ》ばれたら、迷惑《めいわく》がかかる。お母さんは、弟の世話でただでさえ大変《たいへん》なんだ。悪いことは、ぜったいしないようにしよう)

と、自分に言い聞かせていたのです。

◎テニスプレーヤーとしての自分

けれども、小学六年生のときに始めたテニスをしているときだけは、そんな息苦しさから解放《かいほう》されました。

中学でも試合《しあい》に出ると、いい成績《せいせき》をおさめ、ぐんぐん上達《じょうたつ》しました。

高校も、テニスの名門校に進学しました。

（テニスは、楽しいな。家のことも忘《わす》れられるな）

テニスに打ちこんでいると、きょうだい児《じ》としての自分だけでなく、テニスプレーヤーとしての自分の分身《ぶんしん》を、作ることができたのです。

家庭でのしがらみからも解放《かいほう》され、家と外とでのバランスをとれるようになりました。

高校一年のときには、大阪府《おおさかふ》の大会で優勝《ゆうしょう》し、その後に全国大会も経験《けいけん》します。

そして、高校の最後《さいご》には、アメリカのフロリダに一ヶ月間、テニス留学《りゅうがく》することができました。アメリカでは、テニスの教育が、とても進んでいるのです。

このときは、現在《げんざい》プロテニスプレーヤーとして活躍《かつやく》している錦織圭選手《にしこりけいせんしゅ》も参《さん》加《か》していました。

初《はじ》めて海外から日本を見て、志村さんは、感じました。

（自分は、弟に障《しょう》がいがあり、しんどい生活をしているつもりだったけれど、世界から見れば、それは、日本という島国の片隅《かたすみ》で起きている、とても小さな

大好きなテニスに打ちこむ志村さん

ことなんだな)

プロのテニスプレーヤーを目指すことも、考えていました。そのためには、本当はアメリカに渡《わた》ったほうがいいのかもしれません。

しかし、お母さんと弟さんを残《のこ》して行くわけにもいきません。

(やっぱりプロになるのは、あきらめるしかないのかな)

そう思い直して、大阪体育大学《おおさかたいいくだいがく》にテニス推薦《すいせん》で進学しました。

周囲《しゅうい》の期待どおり、関西地区大会《かんさいちくたいかい》のベスト8に残《のこ》り、全国大会にも出場します。

余裕《よゆう》のある大人になりたい

(卒業《そつぎょう》したら、この先どうしようか)

将来《しょうらい》先生になることも考えて、教員免許《きょういんめんきょ》も取りましたが、一方で、会社を経営《けいえい》することも考えはじめました。

(お母さんと弟に何かあったときには、経済的《けいざいてき》に助けてあげられるような、余裕《よゆう》のある大人になりたい。そのためには、お金を稼《かせ》がなければ)

本を読んで、経営《けいえい》や投資《とうし》について学びました。

そして、あるお寿司屋《すしや》さんのチェーン店を経営《けいえい》している会社の就職試験《しゅうしょくしけん》を受けたのです。その会社では、説明会《せつめいかい》のとき、

「君は経営者《けいえいしゃ》にならないか」

と、参加者《さんかしゃ》たちに呼《よ》びかけていました。

入社したら、ゆくゆくは、寿司店《すしてん》の経営《けいえい》を任《まか》せてくれるというのです。

(よし！　ここに入って、学ばせてもらおう！)

プロのテニスプレーヤーになることへの未練《みれん》も、本音をいえば、まだ少し残《のこ》っていました。

しかし、中学時代からのテニスのコーチに、こういわれたのです。

「おまえは、日本に残《のこ》って、家族の支《ささ》えになってやれ」

そのコーチは、志村さんにとって、父親的《ちちおやてき》な存在《そんざい》でした。

「やっぱり、……それがいいですよね！」

ここできっぱりと、プロのテニスプレーヤーになることをあきらめる、ふんぎりをつけることができました。

こうして、その寿司《すし》のチェーン店を経営《けいえい》する会社に就職《しゅうしょく》します。

すると、その会社では、店員の仕事の仕方を説明《せつめい》するマニュアルが、事細かに整備《せいび》されていることに気がつきました。

(そうか。こうやってマニュアルを細かく決めておけば、どんな人が入ってきても、すぐに同じ仕事ができるんだ)

支援《しえん》の仕方がわからなくて

そんなとき、家庭にまた問題が持ちあがりました。

離《はな》れてくらしていたおじいさんが、認知症《にんちしょう》になったのです。

(もっと家族を助けたい)

そう考えた志村さんは、会社を退職《たいしょく》し、お母さんが勤《つと》めていた障《しょう》がい者施設《しゃしせつ》で、アルバイトとして働《はたら》きはじめました。生活介護《せいかつかいご》という、身体や生活の世話をする、障《しょう》がい福祉《ふくし》サービス事業所です。

ところが、そこで愕然《がくぜん》としました。仕事のマニュアルがなかったのです。

いろいろな障《しょう》がい者《しゃ》の支援《しえん》をしなくてはならないのに、

「わからないことは先輩《せんぱい》に聞いて」

と、いわれるばかりで、一日の仕事の流れさえわかりません。

ダウン症《しょう》の弟さんとは接《せっ》したことがありましたが、自閉症《じへいしょう》スペクトラム障《しょう》がいなど、他の障《しょう》がいがある人には、どう接《せっ》していいか、わかりません。

福祉《ふくし》には、高齢者介護《こうれいしゃかいご》と、保育《ほいく》と、障《しょう》がい福祉《ふくし》の三つがあります。けれども、高齢者介護《こうれいしゃかいご》と保育《ほいく》には国家資格《こっかしかく》があるのに、障《しょう》がい福祉《ふくし》の場合、さまざまな障《しょう》がい者《しゃ》を幅広《はばひろ》く支援《しえん》することができる専門家《せんもんか》の国家資格《こっかしかく》はありません。

そのため、志村さんのように無資格《むしかく》で働《はたら》いている人が多いのです。

(いったい、どうしたらいいんだろう)

インターネットで調べても、いい方法《ほうほう》が見つかりませんでした。

そこで、思いついたのです。

「障《しょう》がい者《しゃ》の方を支援《しえん》する方法《ほうほう》を、インターネットを通じて教える会社を起業しよう！」

多様性《たようせい》を認《みと》めあう社会

こうして、二〇一四年四月、二十四歳《さい》のときに、株式会社《かぶしきがいしゃ》「Lean《リーン》 on《オン》 Me《ミー》（自分をたよりにして）」を立ちあげました。

当初《とうしょ》、社員は自分一人だけで、事業の内容《ないよう》は、障《しょう》がい者《しゃ》を支援《しえん》する人に向けたe《イー》ラーニングという、動画を使ったオンラインでの研修《けんしゅう》を行うものでした。

最初《さいしょ》は、動画の作り方もわからなかったので、勉強しながらやっていきました。

二〇一五年には、アメリカのオレゴン州に、障《しょう》がい者《しゃ》の支援《しえん》の仕方について研修《けんしゅう》に行きました。

行ってみると、現地《げんち》の施設《しせつ》では、体系的《たいけいてき》な研修《けんしゅう》のカリキュラムが組まれていました。アメリカでは、障《しょう》がい者《しゃ》支援《しえん》には資格《しかく》が必要《ひつよう》だったのです。働《はたら》きだす前に受ける研修《けんしゅう》と、一ヶ月後、三ヶ月後に受ける研修《けんしゅう》の内容《ないよう》がきっちり決まっていて、どれだけベテランのスタッフでも、年間《ねんかん》十六時間以上《いじょう》研修《けんしゅう》を受けないと、資格《しかく》がなくなってしまいます。

また、このような体験《たいけん》もしました。ダウン症《しょう》の女性《じょせい》といっしょに、町のトレーニングジムに行くと、受付《うけつけ》で四ケタの暗証番号《あんしょうばんごう》を入力するようにいわれました。しかし、女性《じょせい》は、その番号を忘《わす》れてしまっていたのです。日本だったら、こういう場合、代わりにさっさと手伝《てつだ》ってしまうところでしょうが、そこではちがいました。受付《うけつけ》の人が、ヒントを与《あた》えながら、その女性《じょせい》に入力してもらっていたのです。失敗《しっぱい》する権利《けんり》、を奪《うば》わなかったのです。

この国では、障《しょう》がいがあるかどうかに関係《かんけい》なく、すべての人がおたがいの多《た》様性《ようせい》を認《みと》めあっていました。

この研修《けんしゅう》で学んだことを生かして、帰国後の二〇一六年、スペシャル・ラーニングというe《イー》ラーニングの研修制度《けんしゅうせいど》を立ちあげました。

それまで、動画の研修《けんしゅう》というと、長々と講義《こうぎ》がつづくものが多かったのですが、すき間の時間に受講《じゅこう》してもらえるよう、動画を一回三分程度《ていど》におさめ、好《す》きなときに見てもらえるようにしました。

最初《さいしょ》の三ヶ月は、地元の事業所で試験的《しけんてき》に取り入れてもらいましたが、「毎日不安《ふあん》をかかえながら支援《しえん》していたので、とてもうれしい」と、見た人からいってもらえました。

それぞれの個性《こせい》を知る重要性《じゅうようせい》

その後、全国にe《イー》ラーニング研修《けんしゅう》の利用《りよう》を広げていきましたが、コロナの流行によって、オンラインでの研修《けんしゅう》についての問い合わせが増《ふ》えました。オンラインなら、感染《かんせん》の心配をすることなく、受講《じゅこう》することができるからです。

研修《けんしゅう》の課題《かだい》は、たとえば、こんな内容《ないよう》です。

「重度の知的障《ちてきしょう》がいで自閉症《じへいしょう》スペクトラム障《しょう》がいの方が、トイレの後、水道の水で遊びはじめ、やめられなくなってしまいました。この方に水遊びをやめてもらうには、どのような支援《しえん》をするのがよいでしょう?」

この人には、声をかけるのがいいか、何かを見せて気づかせるのがいいか。その人に合ったいろいろな方法《ほうほう》を考えてもらったうえで、支援方法《しえんほうほう》の選《えら》び方《かた》を教えます。

その人への支援《しえん》の答えは、「ペーパータオルを渡《わた》すこと」。

なるほど、こういった方法《ほうほう》は、研修《けんしゅう》で学ばないと、初《はじ》めての人にはなかなか気づけないかもしれません。

障《しょう》がい者施設《しゃしせつ》では、まれにですが、虐待《ぎゃくたい》が発生することが問題になっています。その一番の原因《げんいん》は、支援者《しえんしゃ》の知識不足《ちしきぶそく》だともいわれています。障《しょう》がい者《しゃ》が、自分の思うように行動してくれないと、つい、怒《おこ》ってしまいがちです。

そのようなとき、暴力《ぼうりょく》をふるうのがよくないことはもちろんですが、頭ごなしに説教《せっきょう》するのもよくありません。

また、何かを取りあげたり、罰《ばつ》を与《あた》えたりすることは、相手に恐怖《きょうふ》を与《あた》えるだけなので避《さ》けなければなりません。

いろいろな場面で、どのように行動するのがよいのか、e《イー》ラーニングの研修《けんしゅう》では、現場《げんば》の人たちが知りたがっていることを、一つひとつ伝《つた》えて、支援者《しえんしゃ》の負担《ふたん》を減《へ》らしています。

こうして会社は発展《はってん》し、現在《げんざい》はアルバイトもふくめて従業員《じゅうぎょういん》が三十人ほどまでに増《ふ》えました。

万博《ばんぱく》に出展《しゅってん》予定

また、志村さんの会社は、二〇二五年の大阪《おおさか》・関西万博《かんさいばんぱく》を運営《うんえい》する協会《きょうかい》と契約《けいやく》を結《むす》びました。

協会《きょうかい》の職員《しょくいん》に障《しょう》がい者《しゃ》への配慮《はいりょ》の仕方を伝《つた》え、知的障《ちてきしょう》がいや発達障《はったつしょう》がいのある方が来場した際《さい》の対応《たいおう》の仕方について、スタッフにオンラインの研修《けんしゅう》を行う予定です。

そして、この万博《ばんぱく》のテーマが「いのち輝《かがや》く未来社会《みらいしゃかい》のデザイン」であることから、志村さんの会社も一週間出展《しゅってん》することになっています。

障《しょう》がい者《しゃ》の中には、音や光の刺激《しげき》にとても敏感《びんかん》で、うるさかったり、照明《しょうめい》がまぶしかったりするところでは、落ちつけない人がいます。

そんな人たちがゆっくり休める、センサリールームという小さな部屋を展示《てんじ》します。この部屋は、志村さんの会社が、他の企業《きぎょう》と共同《きょうどう》で開発しました。もし、このような部屋が、空港や駅、商業施設《しょうぎょうしせつ》など、人が集まる場所に置《お》かれれば、刺激《しげき》に敏感《びんかん》な障《しょう》がい者《しゃ》の方も、出かけやすくなることでしょう。

志村さんは、現在結婚《げんざいけっこん》し、三人のお子さんがいます。テニスは趣味《しゅみ》としてつづけ、社会人の大会にも出場しています。弟さんはグループホームで暮《く》らし、日中は生活介護《せいかつかいご》に行って過《す》ごしています。二週間に一回くらい家に帰ってくるので、志村さんは月に一回ほど、弟さんや家族と食事に行っています。

結婚《けっこん》について悩《なや》まなかったのか、きょうだい会などではよく聞かれるそうですが、まったく気にしなかったといいます。

志村さんは、読者のみなさんに、次のようなメッセージをくださいました。

読者へのメッセージ

恋愛《れんあい》や結婚《けっこん》で悩《なや》む人もいるそうですが、もし、兄弟姉妹に障《しょう》がい者《しゃ》がいても、自分自身が魅力的《みりょくてき》であれば、問題ないことだと思います。

まずは、自分を大事にして、自分をみがいていきましょう。

きょうだいであることは、マイナスにとらえられがちですが、強みにすることもできると思います。

現在の志村さん、弟さん、お母さん

たとえば、これから企業《きぎょう》では、障《しょう》がい者《しゃ》の雇用《こよう》が増《ふ》えていくと思います
が、その企業《きぎょう》に就職《しゅうしょく》すれば、自分の経験《けいけん》を生かすこともできるはずです。
そういう意味では、安心していいし、未来《みらい》は明るいと思います。
ぼく自身も、日本が多様性《たようせい》を認《みと》めあえる社会になるように、これからも
働《はたら》きかけ、いつか、障《しょう》がいのある方や、きょうだい、家族が、それぞれ自
分らしく生きられる日がやってくるよう、力をつくしていきたいと思って
います。

第7章

自分の居場所《いばしょ》を見つけてほしい

第5章と第6章では、大人のきょうだい二人を紹介《しょうかい》しました。藤木《ふじき》さんも志村《しむら》さんも、きょうだいであることを乗りこえ、きょうだいであることを強みにして、活躍《かつやく》しています。

しかし、それまでの道は、平坦《へいたん》ではありませんでした。悩《なや》みに悩《なや》み、人に相談し、進むべき道を見つけてきたのです。

兄弟姉妹のために、自分ががまんしたり犠牲《ぎせい》になったりするのではなく、自分自身がやりたいことをやり、輝《かがや》いていくことが、家族全体にとっても一番いいことなのではないかと思います。

◎シブリングパフォーマー結成《けっせい》

最後《さいご》に、中山穂乃果《なかやまほのか》さんの、その後のようすを見てみたいと思います。心魂《こころだま》プロジェクトが、きょうだい児《じ》パフォーマーの募集《ぼしゅう》を始めると、何人かが応募《おうぼ》してきてくれました。

そして、二〇二四年三月二十三日、穂乃果さんの高校一年生が終わろうとする春休みに、きょうだい児《じ》パフォーマーが出演《しゅつえん》するイベントが、いよいよ神奈川県横浜市《かながわけんよこはまし》で開かれることになりました。

穂乃果さんをはじめとした中学二年生から高校二年生までの四人の女子中高生が、そのイベントにむけて練習を重ねます。

日本の各地《かくち》から集まった四人は、ちょうど背《せ》の高さも同じくらいで、並《なら》んでいるとまるでアイドルグループのようです。

シブリングパフォーマーの練習風景

グループの名前は、自分たちで考え、「シブリングパフォーマー」としました。

直前には合宿を行い、心魂《こころだま》プロジェクトのプロのメンバーから、歌や踊《おど》りの指導《しどう》を受けました。

すると、おどろくほどのペースで上達《じょうたつ》し、息の合ったパフォーマンスをすることができるようになりました。

合宿では、おたがいの情報交換《じょうほうこうかん》もしました。穂乃果さんは、初《はじ》めて参加《さんか》した人たちに聞いてみます。

「もし、いやじゃなかったら、あなた

の家族のことを教えて」

おたがいに兄弟姉妹の写真を見せあい、どんな病気でどんな生活をしているか、伝《つた》えあいました。

それぞれ、進行性《しんこうせい》の難病《なんびょう》や、重症心身障《じゅうしょうしんしんしょう》がいがある兄弟姉妹と暮《く》らしています。

穂乃果さんも、お母さんがどうしても都合がつかないときには、結衣花《ゆいか》さんの胃《い》ろうの世話をすることがあります。

すると、同じように、胃《い》ろうや、鼻からチューブを入れる世話をしている人がいました。

ふだんの学校の友だちとの会話では、絶対《ぜったい》に話せない、医療的《いりょうてき》ケアについても話すことができ、とても貴重《きちょう》な機会《きかい》でした。

穂乃果さんは改《あらた》めて「自分は一人ではない」と自覚《じかく》することができました。

◎ワクワクつながる祭典《さいてん》

そしていよいよ当日、ステージの本番をむかえました。

穂乃果さんの家族は、今回初《はじ》めて結衣花《ゆいか》さんを連《つ》れて四人で上京しました。

結衣花さんは、直前に体調をくずして入院し、みんなで心配しましたが、無《ぶ》事《じ》四人で横浜《よこはま》に来ることができました。

結衣花さんが飛行機《ひこうき》に乗ったのは、生まれて初《はじ》めてです。こんなに遠くまで旅行するのは、大冒険《だいぼうけん》です。

会場は、横浜港《よこはまこう》の大桟橋《おおさんばし》にある、横浜大《よこはまおお》さん橋《ばし》ホール。

《ワクワクつながる祭典《さいてん》2024》という今回のイベントには、心魂《こころだま》プロジェクトの他に、難病児《なんびょうじ》、障《しょう》がい児《じ》、きょうだいや家族のために活動している十団《だん》体《たい》が参加《さんか》しました。

病気の子どもたちにプラネタリウムを提供《ていきょう》している団体《だんたい》や、入院中の子どもの家族を支援《しえん》する団体《だんたい》、食べものを飲みこむのが難《むずか》しい子どもたちを支援《しえん》する団体《だんたい》……。

昼から夕方まで、各団体《かくだんたい》が、ブースでの活動の他に、ステージでイベントを行います。

大きなホールですが、子どもたちがウイルスに感染《かんせん》したら大変《たいへん》なので、来場者は、約《やく》五百人にしぼりました。

こうして、ふだんは外出しにくい病気の子や家族たちが、安心して来場することができたのです。

心魂《こころだま》プロジェクトでは、まず、社会人パフォーマーという、仕事をしながら活動をしているグループが、ステージに立ちました。

その後、心魂《こころだま》キッズ団《だん》の登場です。

穂乃果さんも、結衣花さんの車椅子《くるまいす》を押《お》してステージに出ました。

他にも、バギー型車椅子《がたくるまいす》に乗った重症心身障《じゅうしょうしんしんしょう》がいのある子どもたちが出演《しゅつえん》し、

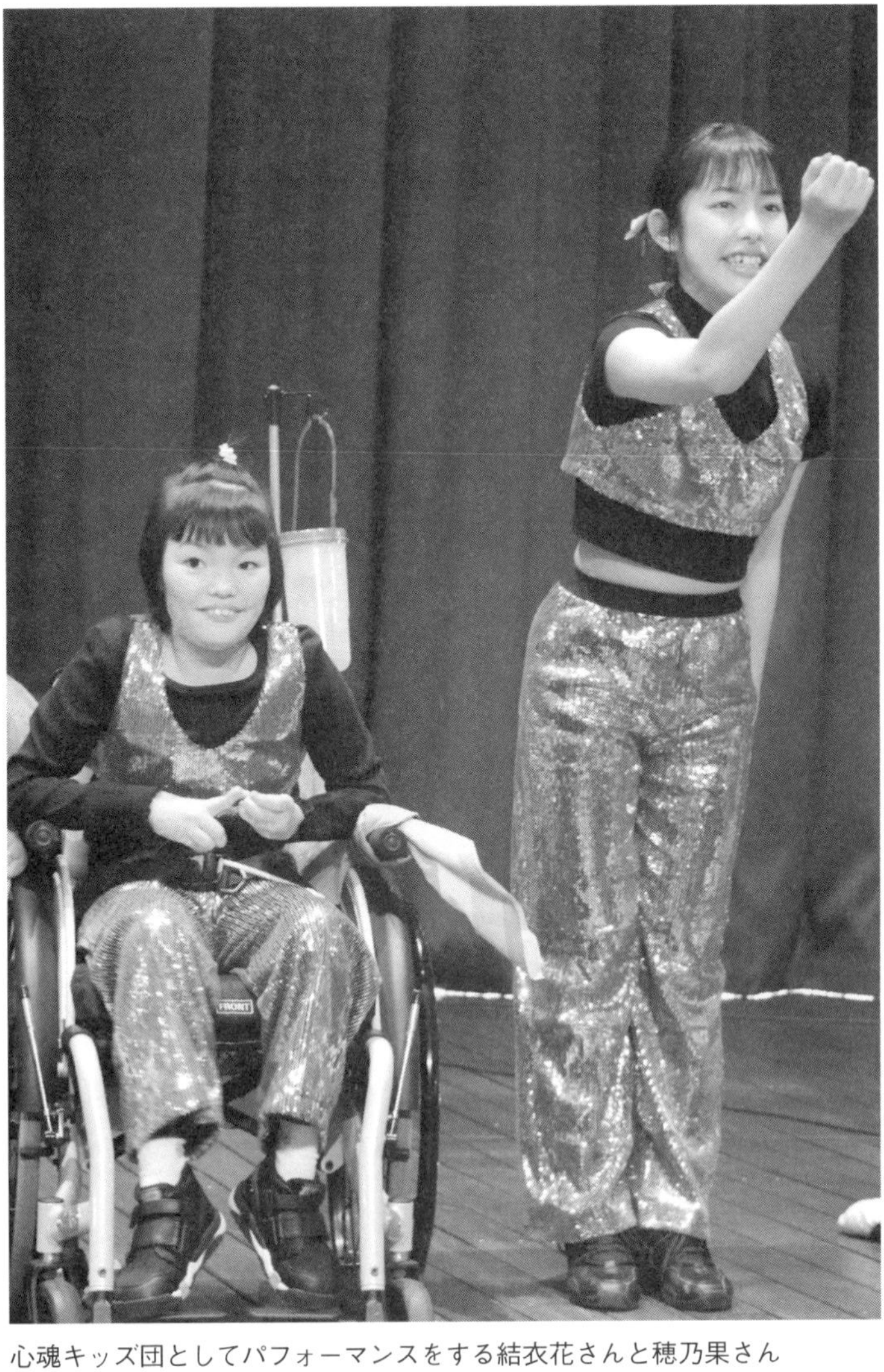

心魂キッズ団としてパフォーマンスをする結衣花さんと穂乃果さん

心魂《こころだま》プロジェクトのプロメンバーがあいだに立ちます。

曲に合わせて体を動かしたり、歌ったりします。

結衣花さんも、楽しそうに笑《わら》い、体を動かしていました。

そして祭典《さいてん》が終わりに近づいたころ、いよいよ穂乃果さんたちシブリングパフォーマーが、ステージにあがります。

じつは、四人のうち一人が体調をくずし、出演《しゅつえん》できるのは、三人になってしまいました。

(出られなかった人の分まで、がんばろう!)

楽屋では、有永《ありなが》さんから最後《さいご》の指導《しどう》を受けました。

リハーサルをして、歌い、これまでやってきたことを確認《かくにん》します。

その仕上げとして、有永さんは、三人に円陣《えんじん》を組ませ、こういいました。

「だいじょうぶ! 失敗《しっぱい》してもいいから、思いきりやってごらん!」

「はい!」

こうして、ステージにあがります。

これまで、病気の兄弟姉妹がいると、親にかまってもらえなかったり、感染《かんせん》症《しょう》に気をつかったり、自分たちは、いろいろながまんをしてきました。

友だちから、「病気の家族がいるなんて気持ち悪い」といわれたり。

「そんな家の子とは遊びたくない」といわれたり。

兄弟姉妹の病気が悪化して不安《ふあん》になり、自分自身も心が不安定《ふあんてい》になってしまったメンバーもいます。

きょうだい児《じ》であることがわかると、「かわいそうに」「大変《たいへん》ね」という言葉が投げかけられることもありました。

（わたしたちは、かわいそうなんかじゃない！　みんな、それぞれ、こんなにがんばって生きているんだもの！）

なかなかふだんはうまく言葉にできない、そういった複雑《ふくざつ》な思いをこめて、ミュージカル・マチルダの「ミラクル」という曲と「リボルティング・チルドレン」を歌います。

二度とがまんはしない！　二度とあきらめない！

（理解《りかい》されにくいきょうだいの思いも、歌と踊《おど》りなら伝《つた》えられる！）

穂乃果さんは、きびきびとした動きでリズムにのり、手をふりあげ、大きな声で歌を歌います。

まっすぐな目で、客席《きゃくせき》の人たちを見つめます。

他の二人も、パフォーマンスに集中しています。

見ている人たちは、三人の気迫《きはく》に、みな胸《むね》を打たれていました。

こうして、シブリングパフォーマーとしての出番を、無事《ぶじ》終えることができたのです。

ステージを降《お》りた後は、三人で抱《だ》きあって、涙《なみだ》しました。

ディズニーランドでの穂乃果さん、結衣花さん、お母さん、お父さん

（すべてを出しきることができた……）

穂乃果さんは、ほっとして、充実感《じゅうじつかん》を味わうことができました。

しかも、翌日《よくじつ》には、結衣花さんもいっしょに、家族四人で初《はじ》めて、ディズニーランドに行くことができたのです。

いつかみんなで遠くまでいっしょに遊びに行きたい、という穂乃果さんの願《ねが》いが、心魂《こころだま》プロジェクトの祭典《さいてん》が横《よこ》浜《はま》で行われたことで、ついにかなえられたのでした。

これからの夢《ゆめ》

その後、穂乃果さんたちシブリングパフォーマーの四人は、心魂《こころだま》プロジェクトで「きょうだい児《じ》チャンネル」のオンライン配信《はいしん》を始めました。

まずは、自分たちの自己紹介《じこしょうかい》をし、今までの体験《たいけん》を語ります。視聴者《しちょうしゃ》からコメントをもらい、話し合います。

穂乃果さんたちは、こう思っています。

（自分も、心魂《こころだま》プロジェクトに出あったことで救《すく》われた。他にもしんどい思いをしている人がいるかもしれないけれど、一人じゃないことに気づいてほしい。大切に思ってくれる人がいることを知ってほしい。きょうだい児《じ》どうし、このチャンネルを通してつながっていきたい）

穂乃果さんは、心魂《こころだま》プロジェクトと出あう前は、将来《しょうらい》は言語聴覚士《げんごちょうかくし》など、社《しゃ》会福祉関係《かいふくしかんけい》の資格《しかく》をとって仕事をしたいと考えていました。

子どものとき好《す》きになった手話は、その後もずっと練習して、今では全国手話検定試験《ぜんこくしゅわけんていしけん》で四級に合格《ごうかく》しています。

しかし今は、そうした福祉関係《ふくしかんけい》の仕事とはちがう進路も、考えはじめています。

それは、心魂《こころだま》プロジェクトで、プロのメンバーとして活動することです。

（心魂《こころだま》プロジェクトのメンバーになれば、きょうだい児《じ》としての強みも生かせるし、好《す》きな歌や踊《おど》りもできる！）

自分に、ちょうどぴったりだと考えているのです。

寺田《てらだ》さんや有永さんがいう、

「必要《ひつよう》な人に必要《ひつよう》なものが届《とど》くように」

という言葉が、穂乃果さんの考えと、ぴったり合うのだといいます。

（心魂《こころだま》プロジェクトのパフォーマンスを、本当に必要《ひつよう》としている病気の子ども

たちや、きょうだい児《じ》たちに届《とど》けたい。自分が、一人じゃないよと教えてもらったように、だれかにそれを伝《つた》えていきたい)

心魂《こころだま》プロジェクトのプロのメンバーになるには、きっときびしい練習が必要《ひつよう》になるでしょう。それに、高校生ですから、これからどんな道に進みたくなるか、まだまだ今はわかりません。

それでも、自分が本当にやりたいことをしたいと思っています。

穂乃果さんは、こう話しています。

「きょうだい児《じ》だからといって、何か活動しなくてはいけないわけではないけれど、それぞれの人に、安心できる場所があったらいいと思います。もし必要《ひつよう》を感じたら、きょうだい児《じ》を支援《しえん》するいろいろな団体《だんたい》があるので、自分に合った居場所《いばしょ》を見つけてほしいです」

穂乃果さんに、今の結衣花さんへの気持ちを聞いてみました。
すると、次のような答えが返ってきました。

「わたしにとって、結衣花は、唯一無二《ゆいいつむに》の自慢《じまん》の妹です。まわりの人を自然《しぜん》に笑顔《えがお》にできるところが、大好《だいす》きです。いつまでも結衣花らしくいてほしいと思っています。

結衣花が病気であることで、ちょっとした成長《せいちょう》に喜《よろこ》び、たくさんの幸せに気づくことができました。いろいろな人に出あうこともできました。

ゆいちゃん、ありがとう！

これからも、いっしょにたくさん笑《わら》おうね！

結衣花が妹でよかったです」

シブリングパフォーマーのステージ

ワクワクつながる祭典《さいてん》2024

穂乃果《ほのか》さんと
心魂《こころだま》プロジェクトによる
パフォーマンスの
ようすを紹介します。

歌と踊りできょうだい児の
思いを表現する穂乃果さん

パフォーマンス後、笑顔を見せる穂乃果さん

すべてのパフォーマンスを終えた心魂プロジェクトのみなさん

おわりに

この本では、きょうだい児《じ》や大人のきょうだいの方々に取材《しゅざい》し、その悩《なや》みや、紆余曲折《うよきょくせつ》、現在《げんざい》のようすを書かせていただきました。

深いテーマではありましたが、中山穂乃果《なかやまほのか》さんの、若《わか》くてさわやかな行動や言葉に助けられました。

人間の命は、とてももろくて、だからこそ、貴重《きちょう》なものです。

自分らしくいることは、とても大事ですね。

関係団体《かんけいだんたい》をふくめ、取材《しゅざい》では、多くの方のお世話になりました。

ご協力《きょうりょく》いただいたみなさまに、心から感謝申《かんしゃもう》しあげます。

高橋うらら

日本きょうだい福祉協会の下記ＱＲコードから、きょうだい支援団体を検索できます。

参考図書

『きょうだいの進路・結婚・親亡きあと　50の疑問・不安に弁護士できょうだいの私が答えます』（藤木和子著　中央法規出版）

『「障害」ある人の「きょうだい」としての私』（藤木和子著　岩波ブックレット）

『障がいをもつこどもの「きょうだい」を支える』（遠矢浩一編著　ナカニシヤ出版）

「障がいのある人のきょうだいに関するアンケート調査報告書」（全国障害者とともに歩む兄弟姉妹の会）

「障害のある人のきょうだいへの調査報告書」（財団法人国際障害者年記念ナイスハート基金）

●取材協力（敬称略）

中山穂乃果
中山理江
中山結衣花
ＮＰＯ法人心魂プロジェクト
認定ＮＰＯ法人ラ・ファミリエ
藤木和子
志村駿介

●写真提供（敬称略）

ＮＰＯ法人心魂プロジェクト（第３章）
認定ＮＰＯ法人ラ・ファミリエ（48, 71頁）
藤木和子（第５章）
志村駿介（第６章）
高橋うらら（133, 137頁）
中山理江（そのほか）

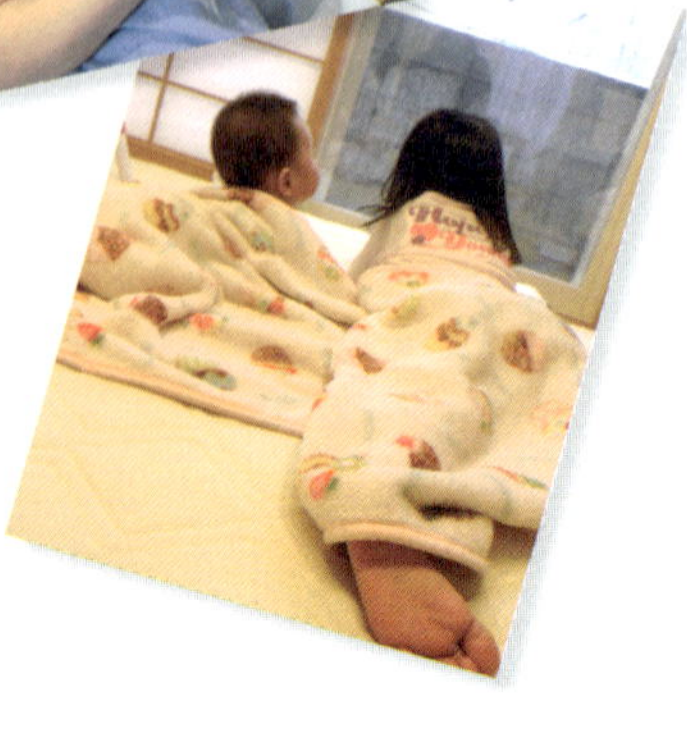

高橋うらら（たかはし・うらら）

東京都生まれ。慶應義塾大学卒業。日本児童文芸家協会理事。命の大切さをテーマに児童文学を執筆。『風を切って走りたい！　夢をかなえるバリアフリー自転車』（金の星社）、『じぶんをすきになるおまじない』（大泉書店）、『おとうとのねじまきパン　ずっとむかし、満州という国であったこと』（合同出版）など著書多数。

装丁　鷹觜麻衣子

カバー写真、本文写真（146-147頁）　楠聖子

自分らしく、あなたらしく

きょうだい児からのメッセージ

2024年9月12日　第１刷発行
2025年3月11日　第２刷発行

著　者　高橋うらら
発行者　佐藤洋司
発行所　さ・え・ら書房
東京都新宿区市谷砂土原町３－１　〒162-0842
Tel.03-3268-4261　Fax.03-3268-4262
https://www.saela.co.jp/
印刷所　光陽メディア
製本所　東京美術紙工

NDC 367　C8095　ISBN 978-4-378-01567-5